초등영어 수업놀이

초등 영어 수업 놀이

친구와 신나게 통통 튀며
몸으로 소통하는 영어 놀이

글 공창수 · 그림 방수현

지식프레임

PROLOGUE
프롤로그

영어야 놀자!

SPOON!!

"영어 수업 참 어렵다!"

저만 이렇게 느끼는 것은 아니겠지요? 그래서 인디스쿨 영어 게시판을 통해 전국의 선생님들과 함께 영어 교육의 어려운 점에 대해 이야기를 나눠보았습니다.

사교육으로 인한 아이들의 수준 차로 영어 수업을 어느 수준에 맞춰야 하는지, 영어에 거부감을 가진 아이에게 어떻게 흥미와 관심을 갖게 할 수 있을지, 원어민 교사와의 협력 수업은 어떻게 하는 게 좋을지, 담임이 아닌 영어 전담 교사로서 부진아 지도를 어떻게 해야 하는지 등 수업 현장의 다양한 목소리를 들을 수 있었습니다. 그중에서도 선생님들을 가장 힘들게 하는 문제는 단연 '사교육으로 인한 수준 차로 발생하는 여러 가지 문제들을 어떻게 해결할 것인가?'였습니다.

2015년 개정교육과정 초등 영어 교과의 세부 목표는 다음과 같습니다.

"초등학교 영어는 학습자들이 영어 학습에 흥미와 자신감을 가지고 일상생활에서 사용되는 기초적인 영어를 이해하고 표현하는 능력을 길러 영어로 의사소통할 수 있는 기초를 마련한다."

교육과정에서는 '영어로 하는 의사소통'만큼이나 '영어에 대한 흥미'를 강조하고 있습니다. 그러나 영어를 잘하는 아이들은 이미 사교육의 영향으로 초등 영어 교육과정을 뛰어넘는 수준입니다. 학교에서 배우는 건 이미 다 알고 있는 것이기에 수업에 흥미를 갖기 어렵습니다. 그렇다고 잘하는 아이들의 수준에 맞춘다면 영어를 못하는 아이들은 더 무기력해질 뿐입니다. 교실 내 중위권 학생에 비해 상위권과 하위권 학생의 분포도가 높을수록 문제는 더욱 심각해집니다.

이런 양극화된 수준 차를 어떻게 극복할 수 있을까 고민하다가 저는 놀이에 그 답이 있다고 생각했습니다. 공을 가지고 놀 듯 영어를 가지고 신나고 재미있게 놀다 보면 영어에 흥미를 잃은 아이들의 마음을 돌릴 수 있지 않을까요?

제가 처음 접한 영어 놀이는 앵그리버드, 슈퍼마리오 등의 캐릭터가 나오는 파워포인트로 제작된 게임이었습니다. TV 화면에 제시되는 문제를 모둠별로 맞힌 후 포인트를 얻고, 어떤 선택을 하느냐에 따라 특별 아이템이 나와서 점수에 영향을 미치는 방식이었습니다. 게임의 종류도 다양했고 방식도 신기했지만 이내 그만두고 말았습니다. 자신의 순서에 잘하지 못해 친구들로부터 눈총을 받는 아이, 아이들의 참여와 집중력을 높이기 위해 계속 TV에만 주목하도록 하는 선생님을 보았기 때문입니다. 게임을 통해 아이들은 경쟁에 더 민감해졌고 게임 결과에 따라 수업 분위기가 좌우되기도 했습니다.

이러한 문제들을 보며 함께 수업하는 원어민 교사 카일(kyle) 선생님과 놀이 방식에 대해 많은 이야기를 나누었습니다. 그리고 TV 화면에서 벗어나 아이들이 서로 얼굴을 마주하며 활동하는 놀이를 대안으로 삼고 영어 수업에 적용하기 시작했습니다. 간단한 단어부터 제법 긴 문장까지 딱딱하게 외우던 수업

에 몸으로 부딪치는 다양한 놀이가 더해지자 아이들의 실력 차는 가려지고 흥미는 더해졌습니다.

놀이는 혼자 하는 것이 아니라 함께 어울려 하는 것이기 때문에 놀이 규칙에 대한 이해와 더불어 타인에 대한 '존중과 배려'가 필요합니다. 이는 영어 놀이를 할 때도 마찬가지입니다. 놀이 시작 전, 실력 차가 나는 친구를 소외시키지 않고 도와주며 함께 할 수 있는 방법을 생각하는 시간을 갖도록 합니다. 그리고 각 교실에서 3월 첫 만남에 학급 세우기를 하듯이 영어 교실 세우기를 하여 즐겁게 공부하기 위해 필요한 것을 아이들과 함께 이야기 나누고 약속도 정합니다. 이런 과정을 거치면서 아이들은 타인에 대한 존중과 배려가 무엇인지 배우게 될 것입니다. 그제서야 영어는 도구가 되고 수준 차는 우정과 놀이의 즐거움으로 메워질 수 있습니다.

물론 '놀이만이 정답이다'라고 말할 수는 없습니다. 놀이도 즐겁게 영어를 배우기 위한 다양한 시도들 중 하나일 뿐입니다.

선생님이 모든 고민의 해답이 되어야 한다는 부담도 갖지 마시기 바랍니다. 생각보다 많은 선생님들이 과중한 책임감에 짓눌려 힘들어합니다. 하지만 아이들은 내 손끝에서 완성되는 존재가 아닙니다. 우리는 아이들이 자라나는 과정의 한 부분을 맡고 있을 뿐입니다. 우리도 교사로서 성장하는 과정을 살고 있습니다. 아이들에게도, 교사에게도 오늘은 성장을 향한 여정의 하루일 뿐입니다.

이 책이 나오기까지 지지와 응원을 아끼지 않은 사랑하는 가족, 글로 다 설명하지 못하는 부분들을 그림으로 쉽게 이해할 수 있도록 오랜 기간 소통하며

표현해 주신 또 한 분의 저자 방수현 선생님, 함께 수업을 고민하며 새로운 놀이를 찾고 아이들과 함께한, 지금은 미국에서 잘 살고 있을 원어민 교사 카일 선생님이 계셨기에 이 책이 만들어질 수 있었습니다.

이 책을 준비하고 다듬은 지가 벌써 6년이 다 되어갑니다. 출간을 결정해 주신 지식프레임 윤을식 대표님과 좋은 책을 만들기 위해 온 힘을 다해 주신 박민진 편집자께도 감사의 말씀을 전합니다.

끝으로 인디스쿨 '영어야 놀자' 코너와 이 책에 자신만의 놀이와 수업 적용기 그리고 아이디어를 나눠주신 분들에게 고마움을 전하고 싶습니다. 강환이 선생님(단감나무), 김현진 선생님(IGIZI), 신세은 선생님(구름샘), 이유경 선생님(송송배), 허승환 선생님(털보샘) 그리고 참쌤스쿨의 김차명 선생님과 《놀이터 학교 만들기》를 함께 쓴 박광철 선생님(아해사랑), 박현웅 선생님(스윙키드), 임대진 선생님(withchild), 정유진 선생님(지니샘), 황정회 선생님(소금별) 감사합니다. 놀이 중에는 아이들에게 인기 있는 보드게임에서 아이디어를 얻어 응용한 것이 있습니다. 사용을 허락해 주신 코리아보드게임즈에도 감사한 마음을 전합니다.

Contents

프롤로그　004

Part 0 영어 수업 놀이 준비

Part 1 영어에 흥미와 호기심이 생기는 놀이

01 찍고 달려!　026

02 알파벳 시장　030

03 재빨리 스푼　034

04 지렁이 함락 작전　041

05 The Orange Game　047

06 Battleship　051

07 문장 이어달리기　056

08 어느 손가락이게?　062

09 전기 게임　067

10 Trick! 숨바꼭질　072

수업 Tip. 열공! 워크북 제작 활용법　077

Part 2 학습 참여 의욕을 높이는 놀이

11 타임머신   086

12 텔레파시   091

13 모서리 PPT 퀴즈   095

14 오락가락 OX 퀴즈   099

15 오목   104

16 줄줄이 기차   108

17 선생님은 대마왕   112

18 거짓말쟁이   116

19 볼링   120

20 왕자와 거지   125

수업 Tip. 놀이의 무한 반복   130

Part 3 의사소통에 자신감을 기르는 놀이

21 Four card   136

22 폭탄 던지기   141

23 말이 돼?   146

24 맞다 GO!   150

25 과일 샐러드   154

26 이웃을 사랑하십니까?   160

27 인터뷰 빙고   165

28 Post It Note   169

29 비교급 강자는 나야 나!   174

수업 Tip. 카드 만들기   178

Part 4 자꾸 말하게 되는 놀이

30 Hooray! 184

31 추적자 188

32 도둑 잡기 193

33 샌드위치 198

34 Change Color 203

35 타임머신 보드게임 206

36 왕자와 거지 보드게임 212

37 동네 한 바퀴 215

수업 Tip. 카드 한 벌로 9가지 놀이하기 219

Part 5 특별판! 신나는 영어 캠프 바깥놀이

38 주사위 피구 228

39 늑대야~ 늑대야~ 몇 시니? 232

40 핵폭탄 25시 235

41 시간을 빼앗는 자 238

42 괴물들이 사는 강 242

43 거북선 246

수업 Tip. 자주 쓰는 교실 영어 26 250

SPOON!!

영어를 잘해도 재밌고, 못해도 신난다!
존중과 배려가 넘치는 즐거운 초등 영어 수업 놀이

친구와 신나게 통통 튀며
몸으로 소통하는 영어 놀이

영어 수업
놀이 준비

레 크리에이션을 재미있게 하려면 선생님에게 끼와 재주가 필요합니다. 그러나 다행스럽게도 놀이는 기본적으로 재미있게 구조화되어 있기 때문에 놀이 규칙과 진행 방법만 잘 안내해 주면 그 안에서 아이들이 쉽게 재미를 느낄 수 있습니다. 이런 놀이 수업의 특성을 영어 수업에 적용하면 즐거운 영어 놀이가 가능합니다. 놀이를 통해 재미있는 영어 수업을 만들기 위해 선생님과 아이들이 알아야 할 내용들을 소개합니다.

재미있는 영어 수업을 위한 놀이 준비

본격적인 영어 놀이 전에 잠깐이라도 아이들과 놀이 회의 시간을 가지는 것이 좋습니다. 오른쪽의 〈표〉는 아이들과 놀이를 시작하기 전에 제가 제일 먼저 설명해 주는 내용입니다. 재미를 추구하는 것을 뛰어넘어 놀이를 통해 존중과 배려를 배울 수 있도록 '놀이의 수준'을 한 단계씩 설명합니다. 적어도 '3 단계(규칙)'는 되어야 친구들과 함께 놀 수 있다는 것을 강조하고 우리는 더 잘 할 수 있으니 '4단계(즐기기)', '5단계(배려)'로 나아가자고 독려합니다. 이기고 지는 것보다 친구를 돕는 것이 최고의 가치임을 놀이 회의 시간에 다시금 확인합니다.

놀이의 하수	1단계 (무기력)	열심히 안 하고 억지로 하는 사람, 대충하는 무기력한 사람
	2단계 (승부욕)	무조건 이기는 게 중요한 사람, 규칙을 잘 지키지 않고 우기면서 하는 사람 때론 놀이에 대한 보상을 바라거나 놀이를 파괴하기도 함
놀이의 중수	3단계 (규칙)	팀을 위해 열심히 하는 사람, 규칙을 지켜가면서 활동하는 사람 제대로 놀기 시작하는 단계
	4단계 (즐기기)	이기고 지는 것을 떠나 규칙을 지키면서 놀이 자체를 즐기는 사람 놀이의 기쁨을 느끼는 단계
놀이의 고수	5단계 (배려)	잘 못하는 친구에게도 기회를 주고 격려하고 함께 기뻐하며 즐기는 사람 놀이와 삶의 높은 수준으로 들어가는 단계

출처 : 《학교야 놀자!》, 박현웅 외 지음

또 놀이를 하다 보면 미처 예상치 못했던 여러 가지 문제점이 발견되는데, 놀이 회의 시간에 이 문제들을 어떻게 해결하면 좋을지 함께 이야기해 보는 것도 좋습니다. 아이들 스스로 더 즐거운 놀이를 만들어가도록 격려해 주면 자연스럽게 놀이 구성원으로서의 책임감을 갖게 되며, 그 자체로도 또 하나의 재미있는 놀이가 됩니다.

반복되는 놀이가 만드는 창의력

아무리 재미있는 놀이를 알려주더라도 처음부터 신나게 노는 것은 어렵습니다. 더욱이 영어 놀이를 하려면 놀이 방법은 물론이고 영어 표현도 익혀야 하니 그 어려움이 더하겠지요. 그러니 처음 접하는 놀이에서 서툰 모습을 보이는 것은 당연한 일입니다. 이렇듯 놀이의 규칙을 익힐 때까지는 제법 시간이 걸리기 때문에 매번 새로운 놀이를 진행하는 것은 좋지 않습니다. 아이들에게 같은 놀이를 몇 번이고 되풀이할 수 있도록 시간과 기회를 주어야 합니다. 그래야 아이들도 놀이의 규칙과 놀이에 사용되는 표현을 익힐 수 있고 그러한 숙련의 과정을 거쳐야 놀이 자체를 즐길 수 있습니다.

놀이를 반복하기 위해서는 놀이 준비가 손쉬워야 합니다. 자료를 제작하는 품과 시간, 준비물을 챙기고 놀이를 설명하는 시간 등이 모두 준비에 속합니다. 손쉬운 준비를 위해서는 놀이 방법은 동일하지만 내용만 바꾸면 색다른 놀이가 되는 활용성이 높은 놀이를 진행하는 것이 좋습니다. 같은 놀이를 여러 번 반복하다 보면 아이들이 자신들의 입맛에 맞는 새로운 규칙을 만들고 창의적으로 활동하는 모습을 볼 수 있습니다.

놀기 위해 공부하기

영어 놀이를 하려면 영어를 어려워하는 친구들도 최소한 그 단원에서 배우는 단어와 핵심 문장 정도는 읽고 말할 수 있어야 합니다. 따라서 재미있게 놀기 위해서는 열심히 공부할 필요가 있습니다.

저는 각 단원마다 워크북을 만들어 활용했습니다. 첫 차시에 단어 공부를 할 때는 단어 아래에 소리나는 대로 한글을 써두게 했고 그걸 읽으며 매시간 복습을 진행했습니다. 아이들에게는 "놀 준비를 하기 위해 열심히 공부합시다. 모두 놀 준비가 된 후에 놀이를 진행할 것입니다. 그러니 배려와 나눔의 실천으로 영어를 어려워하는 옆 친구를 도와주세요. 단, 친절해야 합니다." 하고 늘 강조했습니다. 그리고 그 말이 무색하지 않게 열심히 공부하는 분위기가 즐거운 놀이로 이어지도록 노력했습니다. 수업에 집중하는 분위기 형성과 놀이 시간 확보라는 두 마리 토끼를 다 잡을 수 있는 워크북 활용법(77p 참고)에 대해서는 뒤에서 좀 더 자세히 다루겠습니다.

놀이별 특징과 활용 방법

▶ 미팅 놀이

교실을 돌아다니며 친구를 일대일로 만나 대화를 나누고 헤어진 후 또 다른 친구 만나기를 되풀이하는 놀이입니다. 놀이 자체가 역동적으로 진행되고 여러 명의 친구를 만나 교류하며 서로 배울 수 있다는 장점이 있습니다. 그러나 소극적인 아이에게는 어렵고 부담스러운 활동이 될 수 있으므로 놀이 시작 전 '친구를 가려 만나거나 피하지 않기', '친구의 초대에 무조건 응해 주기'를 먼저 강조하는 것이 좋습니다. 필요에 따라서는 "1, 4모둠 만나고, 2, 3모둠 만나세요."라고 만나는 순서를 지정할 수도 있습니다. 또 먼저 활동을 마친 친구들이 어려움을 느끼는 친구를 찾아가서 도와주는 '나눔 친구' 활동을 권장하는 것도 좋습니다.

▶ 카드 놀이

카드를 활용하는 놀이를 총칭합니다. 짝끼리, 혹은 모둠 친구들과 앉아서 하는 놀이에 주로 사용되는데 미팅 놀이에 카드를 사용하기도 합니다. 교과서에서는 부록의 카드를 단원의 내용에 맞춰 일회성으로 활용하는 데 그치지만 이 책의 뒤에 나오는 카드 놀이 활용법(219p 참고)을 참고하면 다양하고 재미있는 방법으로 지속적으로 활용하는 것이 가능합니다.

▶ 보드게임

주로 종이에 인쇄된 말판 위에서 말을 움직이며 하는 놀이를 말합니다. 종이 한 장, 말, 주사위 정도의 간단한 준비물만 있으면 놀이가 가능하고, 대부분 앉아서 진행되므로 다른 놀이보다 상대적으로 소음이 적어 옆 반 수업에 피해를 주지 않는다는 장점이 있습니다. 보드게임에도 다양한 종류가 있는데 이 책에서는 재미있으면서도 다른 표현으로 변형과 제작이 쉬운 것을 선별하여 수록했습니다.

▶ 캠프 놀이

영어 캠프처럼 특별한 시간에 많은 인원이 함께 즐길 수 있는 놀이들을 모았습니다. 강당이나 마당 등 넓은 공간에서 진행되므로 옆 반에 피해를 줄까 마음 졸이고 눈치볼 필요가 없습니다. 머리보다 몸을 쓰는 단순한 놀이가 많아 아이들이 부담 없이 참여할 수 있고, 활기차게 뛰놀면서 평소 쌓인 스트레스를 발산할 수 있습니다. 강당에 모이기 전 교실에서 놀이 방법을 설명하면 한결 수월한 진행이 가능합니다.

결과와 보상보다 놀이 그 자체를 즐기기

영어 놀이도 편을 나누어 진행하는 활동이 많다 보니 자칫하면 경쟁 중심으로 흘러갈 수 있습니다. 그러니 결과보다 과정을 즐기는 것이 중요하다는 것을 강조해야 합니다. 서로 도와가며 영어를 배우는 게 영어 놀이의 1순위 목적입니다. 그러므로 선생님 또한 진행 중 경쟁을 유발하거나 승패를 지나치게 강조하지 마시고 흥미와 호기심을 가질 정도로만 적정선을 지켜주시는 것이 좋습니다.

아이들에게는 "이기면 기분 좋은 건 다 같은 사람 마음입니다. 자신이 운이 좋거나 유리한 상황이라면 친구에게도 이길 수 있는 기회를 주기 위해 스스로 불리한 조건을 설정해 보는 것도 좋습니다. 그렇게 나도 이길 수 있고 친구도 이길 수 있는 놀이를 만들어서 함께 재미있게 놀아봅시다."라고 말해 주세요.

일주일에 2~3시간 만나는 영어전담교사가 반 분위기 형성이나 학습 태도를 다지는 것은 쉽지 않기 때문에 학급 담임교사일 때는 필요하지 않던 보상(간단한 먹거리를 주면 순간 집중력을 높이는 효과가 있습니다. 일명 '캔디 파워'라고 하죠.)을 사용하기도 합니다. 그런데 매번 주다 보면 효과는 시들해지고 주다 안 주면 원성을 받기도 하지요. 보상은 아이들의 경쟁 심리를 자극하기도 합니다. 그래서 그냥 '이렇게 순위가 나왔구나. 즐거웠으니 됐어.'와 같이 안 받는 게 당연한 분위기를 만드는 게 먼저입니다. 팀보다는 개인에게 미션을 완성한 후 놀이에 다시 참여하도록 하는 독려용으로 사용하는 것이 좋고, 보상을 주다 안 주다를 반복하면서 아이들이 보상 자체에 무심해지도록 유연하게 활용하는 것을 권장합니다.

우리 반의 놀이 규칙 만들기

재미있는 놀이를 배워서 교실에서 적용해 보았더니 우왕좌왕 야단법석이 났나요? 당황하지 마세요. 선생님들이 만나는 아이들과 학급 분위기에 따라 상황은 달라집니다. 그러니 처음엔 덜 재미있더라도 규칙이 단순한 놀이부터 차근차근 한 단계씩 올라갈 수 있도록 진행해 주세요. 재미있는 놀이일수록 여러 가지 규칙이 적용되어 복잡합니다. 이 책에 있는 놀이를 그대로 따라할 수도 있겠지만 질서가 깨질 것 같은 부분은 교실 형편에 맞게 바꾸는 것이 좋습니다.

놀이 수업에 활기를 북돋기 위해서는 아이들의 경쾌한 목소리가 필요하지만 옆 반의 수업에 피해를 주지 않기 위해서는 소음이 되지 않도록 주의해야 합니다. 적당한 선을 지키는 것은 무엇이든 쉽지 않죠. 영어 놀이에 가위바위보가 많이 나오는데 신나게 하다 보면 금세 시끄러워지니 아예 처음부터 '침묵의 가위바위보'를 하도록 하는 것도 좋습니다. 처음부터 조용히 하는 습관을 들인다면 좀 더 허용된 분위기를 조성해도 아이들의 목소리가 소음으로 느껴지지는 않을 것입니다.

이 책은 제가 만난 아이들과 만들어간 경험의 산물입니다. 아이들마다 교실마다 상황과 환경이 다르니 놀이 결과의 양상이 다르게 나타나기도 하고, 또 배운대로 적용했는데 아이들의 반응이 예상과 달라서 놀이 방법을 바꿔야 할 때도 있습니다. 책대로 전개되지 않았다고 잘못된 것이 아니라 우리 반 아이들에게 맞추는 조율의 과정이 필요한 것입니다. 문제점이 발생했을 때 떠오른 해결 방안이 아이디어가 되어 우리 아이들을 위한 맞춤형 놀이로 거듭나게 되니 그때를 기회로 삼으시기 바랍니다.

놀이 수업, 함께 나눠요!

우리 반에서 적용해 본 놀이 수업의 방법과 자료를 전국의 선생님들과 함께 공유한다면 다양한 경험이 모여 내용은 더욱 풍성해지고 시행착오는 줄어들 겠지요. 이 책에 있는 놀이 방법은 물론 놀이 방법의 변형, 활용TIP 첨가, 놀이를 쉽게 설명할 수 있는 자료 제작 등 무엇이든 인디스쿨 게시판에서 함께 나누어보세요. 아직 활동적인 놀이에 엄두를 내지 못하는 선생님과 실패를 경험한 선생님들에게 다시 도전할 수 있는 힘과 용기가 될 것입니다. 그렇게 잘한 부분은 서로 격려해 주고, 부족한 부분은 서로 채워주며 함께 성장하는 교사가 되었으면 좋겠습니다.

친구와 신나게 통통 튀며
몸으로 소통하는 영어 놀이

Part 1

영어에 흥미와
호기심이 생기는 놀이

영어에 흥미와 호기심이 생기면 자연스럽게 기본기가 탄탄해집니다. 탄탄한 기본기는 다음 단계로 올라가는 토대가 됩니다. 놀이 시작 전에 아이들에게 인터넷에서 찾은 단어와 관련된 이미지를 TV로 보여주며 발음을 듣고 따라하게 하고 발음과 뜻, 스펠링은 단원별 워크북에 기록하도록 합니다. 익힌 단어들을 활용하여 놀이를 진행하면 영어 단어를 외우는 것이 따분한 공부가 아닌 놀이를 하기 위한 준비 작업이 됩니다. 이 파트에서는 아이들의 마음을 사로잡아 흥미와 호기심이 생기게 하는 신나는 놀이들을 소개합니다.

〈찍고 달려!〉는 반복되는 놀이를 통해 이미지와 단어가 자연스럽게 연결되고, 〈알파벳 시장〉은 타일을 모아 단어를 만들어서 달러를 얻는 놀이로 스펠링을 외우는 데 효과적입니다.

같은 카드를 모으며 스푼을 잡아채기 위해 순발력을 발휘하는 〈재빨리 스푼〉과 상대방 본거지로 점점 더 깊숙이 침투해 들어가는 〈지렁이 함락 작전〉, 모두가 두 손에 같은 카드를 쥘 수 있도록 퍼즐을 맞추듯 카드를 이동시키는 〈The Orange Game〉 등은 놀이 자체의 재미와 반복되는 질문을 통해 단어 외우기에 열중하도록 만듭니다.

〈Battleship〉에서는 적의 전투함을 침몰시키기 위해 영어 표현을 반복적으로 읽게 되고, 〈문장 이어달리기〉에서는 모둠원들이 서로 힘을 모아 문장 읽기를 진행하며 협동심과 배려심을 기를 수 있습니다.

〈어느 손가락이게?〉와 〈전기 게임〉은 다소 고전적이지만 실력보다 운이 중요한 요소로 작용하여 학생들의 수준과 상관없이 활동이 가능하고 2~3단어로 이뤄진 짧은 문장 외우기에 적합합니다.

〈Trick! 숨바꼭질〉은 학급 전체가 참여하여 술래를 속이는 놀이로 재미있는 상황이 만들어지도록 연출하는 재미가 있으며 활동 중 허락을 구하는 문장이 반복되어 해당 표현을 자연스럽게 익히게 됩니다.

01 찍고 달려!

▲▲▲▲▲▲▲▲▲▲▲

단어를 이미지로 기억할 수 있고, 반복해서 말하는 동안 자연스럽게 외우게 되는 활동입니다. 사진을 보고 빠르게 말을 해야 더 많은 칸을 전진할 수 있기 때문에 자기 차례를 기다리며 줄을 서는 동안에도 아이들이 계속해서 단어를 외우는 모습을 볼 수 있습니다.

- **준비물** 단어 사진(8장)
- **시간** 5~10분
- **인원** 학급 전체
- **적용** 단어 스피킹

활용 표현

- how / weather / rain / snow / sunny / windy / foggy / cloudy

놀이 준비

1 〈활용 표현〉의 단어 사진을 A4 용지에 인쇄하여 칠판에 간격을 두고 붙인다.

2 전체 인원을 두 모둠으로 나누고 양 끝의 단어 사진 앞에 한 모둠씩 줄을 세운다. 기다리는 학생들은 칠판에서 두 걸음 떨어져 있게 한다.

놀이 방법

1   선생님의 "Ready, Get Set, Go!" 신호에 따라 출발한다.

2   자기 앞에 있는 사진부터 상대편 방향으로 사진을 터치하고 단어를 말하면서 전진한다.

3   마주 오다가 같은 사진에서 동시에 손을 짚으면 가위바위보를 한다. 진 사람은 자기 모둠의 줄 뒤로 가서 서고, 이긴 사람은 계속 전진한다.

4   진 모둠에서는 다음 사람이 이어서 자기 쪽의 첫 단어부터 읽으며 전진
한다. 다시 두 모둠의 선수들이 만나면 가위바위보를 한다.

5   상대편의 첫 단어 사진이 마지막 승부를 내는 곳이다. 상대방이 미처 첫
단어 사진을 터치하지 못했더라도 기다려주었다가 마지막 가위바위보를
한다. 이곳에서 이기면 1승을 얻는다. 전체 놀이는 5판 3승제로 진행한다.

활용 TIP!

- 놀이가 역동적으로 진행되어 시끄러울 땐 가위바위보를 속삭이듯 하도록 지도한다.
- 누군가 흥분해서 큰 소리를 낼 경우, 선생님은 "Stop!"을 외치고 진행을 멈춘 뒤 상대편 친구를 3칸 앞으로 전진하도록 한다. 그러면 자발적으로 조용히 하는 분위기가 형성된다.
- 한글 등의 컴퓨터 워드 프로그램에서 표 한 줄을 8칸으로 나눈 뒤 단어를 넣어 인쇄하면 두 사람이 앉은 자리에서 손가락으로 짚으면서 겨루는 짝 놀이가 된다.
- 고학년은 단어에서 문장으로 확장하여 읽기 활동으로 진행할 수 있다.

노래로 배워요!
How's the weather

참고 영상
Touch and go

02 알파벳 시장

▲▲▲▲▲▲▲▲▲▲

아침, 점심, 저녁으로 하루 세 번 열리는 알파벳 시장에서 사진에 맞는 단어 알파벳 타일을 모으면 달러를 벌 수 있습니다. 지루한 단어 외우기에서 벗어나 놀이를 통해 재미있게 스펠링을 외울 수 있고, 사진과 단어를 연결하는 연상 작용을 통해 외운 단어를 쉽게 기억하게 됩니다.

- **준비물** 알파벳 타일 '워드볼'(2세트), 달러 박스, 단어 사진(8~12장)
- **시간** 20~25분
- **인원** 모둠별 4명씩
- **적용** 단어 철자 외우기

활용 표현

- It is a(n) apple(banana / kiwi / pear / orange / grape / strawberry / watermelon).

놀이 준비

1   알파벳 타일 '워드볼'과 달러를 준비한다.

WORDBALL

DOLLAR BOX

2 〈활용 표현〉의 과일 사진을 출력한 후 칠판에 우선 4장을 붙이고 각 사진 아래에 그 단어의 스펠링을 써놓는다.

3 4명을 한 모둠으로 구성하고, 한 사람당 10달러(5달러 2장)와 알파벳 타일 5개를 지급한다.

4 타일 몇 개는 구분을 해서 어떤 알파벳이든 대체할 수 있는 조커로 설정하고, 단어를 만들 때 막히는 알파벳 대신 활용할 수 있게 한다. 이 활동에서는 조커를 8개 넣었다.

5 선생님은 남은 타일을 봉지에 담아서 뽑기 코너를 운영한다.

놀이 방법

1 아침, 점심, 저녁으로 하루 세 번 장이 열릴 때 놀이가 진행된다는 것을 안내한다.

2 'Morning Market'을 열고 본격적으로 놀이를 시작한다.

3 모둠끼리는 타일을 일대일로 맞교환할 수 있고, 필요한 타일을 가지고 있는 모둠에 가서 10달러로 타일 1개를 구입할 수도 있다. 선생님이 운영하는 뽑기 코너에서는 5달러를 내면 뽑기 한 판이 가능하다.

4 단어를 완성한 모둠은 칠판에 붙어 있는 그 단어에 해당하는 사진을 뗀 후 완성된 단어 타일과 함께 선생님께 가져가서 확인을 받는다. 칠판에서 사진이 없어지면 다른 모둠은 그 단어를 맞힐 기회를 잃는다.

5 선생님은 타일로 완성한 단어를 확인하고 정답을 맞힌 모둠에게 단어의 알파벳 개수만큼 5달러씩 계산해서 지급한다. 맞힌 그림은 모둠에서 보관하도록 하고, 사용한 단어 타일은 다시 뽑기 봉투에 담아서 섞는다.

6 놀이를 5분 정도 진행하다가 'Morning Market'을 닫고 잠깐 휴식한다. 선생님은 다음 시장을 열기 전 모둠별로 알파벳 타일을 10개씩 더 지급하고 칠판에 새로운 단어 사진을 추가해서 붙인다.

7 같은 방법으로 'Afternoon Market'을 열고 닫은 다음 알파벳 타일을 10개씩 추가로 지급하고 마지막 'Evening Market'을 연다.

8 'Evening Market'이 끝나면 모둠별로 획득한 단어 사진을 보여주며 〈활용 표현〉을 발표하는 것으로 마무리한다. 예를 들어, 사과 사진을 보여주며 모둠이 한목소리로 "It is an apple."이라고 말한다.

9   놀이가 끝나면 모둠별로 획득한 달러를 계산하고 돈을 많이 번 순서대로
    순위를 정한다.

활용 TIP!

- 아이들에게 나눠주는 달러와 타일, 조커 수는 학급 상황에 맞게 조절한다.
- 'Evening Market'이 끝나서 필요 없게 된 타일을 가지고 다른 모둠원과 만
  나서 가위바위보로 타일 따먹기를 하게 해도 좋다. 결산할 때 타일 한 개당
  1달러로 계산한다.

활용 플러스

_ 어떤 대상에 대해 알고 있는지 물어보기

Do you know about Wi-Fi(PSY / Batman / this vegetable / this fruit / Pororo)?

_ 물건 빌리기

Can I borrow a(n) book(pencil / ball / watch / glue / eraser)?

03 재빨리 스푼

▲▲▴▲▲▲▴▲▲▲▴▲▲▲▴

똑같은 모양의 카드를 모은 뒤 재빨리 스푼을 가로채서 이기는 고전적인 카드 놀이에 직업과 관련된 영어 표현을 더했습니다. 이미지와 영어 단어를 연결해 쉽게 외울 수 있게 도와줍니다. 놀이에 익숙해질수록 단순한 단어에서 복잡한 어구와 문장으로 내용을 점차 확장시킬 수 있습니다.

- **준비물** 단어 그림 카드(개인별 1벌씩, 1벌은 9장), 숟가락(모둠별 3개씩)
- **시간** 3~5분
- **인원** 모둠별 4명씩
- **적용** 단어 스피킹

활용 표현

- What do you want to be?
- I am a(n) writer(lawyer / artist / pilot / fire fighter / scientist / reporter / doctor / teacher).
- I want to be a(n) writer(lawyer / artist / pilot / fire fighter / scientist / reporter / doctor / teacher).

놀이 준비

1 참여자 수보다 하나 적은 개수의 숟가락을 책상 가운데에 놓는다. Player1
은 모둠원들의 카드를 모아 잘 섞은 뒤 1인당 4장의 카드를 나눠주고,
Player1부터 시계 방향으로 순서를 정해 놀이를 진행한다.

2 사용되는 카드는 아래와 같다.

writer

lawyer

artist

pilot

fire fighter

scientist

reporter

doctor

teacher

놀이 방법 1

1 Player1이 "One, Two, Three!"라고 신호를 주면 모두 "What do you want to be?"를 외치고 놀이를 시작한다.

2 자신이 가진 4장의 카드 가운데 쓸모없는 카드 1장을 왼쪽 사람에게 그림이 보이지 않게 넘긴다. 다같이 "One, Two, Pass!" 구령에 맞춰 동시에 카드 넘기기를 진행한다.

3 Player1은 모두에게 나눠주고 남은 카드 더미에서 맨 위에 있는 1장을 집어 다시 4장을 유지하고, 다른 Player들은 오른쪽 사람의 카드를 받아 4장을 유지한다. Player4는 쓸모없는 카드를 Player1에게 주지 않고, 본인 앞에 버린다.

4 위의 놀이를 반복하다가 같은 그림 카드 3장을 모은 사람이 재빨리 숟가락 한 개를 가져가며 "spoon!"을 외친다. 다른 Player들은 그때를 놓치지 말고 남아 있는 숟가락을 가져가야 한다. 숟가락을 못 가져간 사람이 꼴찌가 된다.

5 1등부터 순서대로 꼴찌가 묻는 "What do you want to be?"라는 질문에 대답한다. 1등은 "I am a(n) (1등이 맞힌 카드의 직업)", 2등부터 꼴찌는 "I want to be a(n) (1등이 맞힌 카드의 직업)"으로 대답한다. 꼴찌에게는 1등이 질문한다.

6 이번 판의 1등이 다음 판의 Player1이 된다.

놀이 방법 2

1   참여자 수보다 한 벌 부족한 카드들을 내용이 보이게 바닥에 흩어놓는다.
    나머지 카드 한 벌은 내용이 보이지 않게 모은 후 카드 더미로 사용한다.

2   Player1의 "One, Two, Three!" 신호에 따라 모두 "What do you want
    to be?"라고 외친다.

3   Player1이 카드 더미 맨 위에 있는 카드 1장을 뒤집고, 거기에 적힌 단어
    를 말한다. 모두 Player1이 말한 단어를 바닥에서 재빨리 찾아서 집는다.
    카드마다 1장씩 부족하므로 한 사람은 못 집게 된다.

4 위의 놀이를 반복하고 카드를 많이 모은 사람 순으로 순위를 정한다.

활용 TIP!

- 놀이에 익숙해져서 속도가 붙으면 "One, Two, Pass!"라는 구령 없이 서로 동작을 맞춰 놀이를 진행한다.
- 동일한 카드 4장을 모은 후 스푼을 집게 하면 난이도가 높아진다.
- "Pass!" 대신 옆으로 전달하는 카드 그림을 영어로 말하며 옆 사람에게 전달한다.
- 마텔의 자이언트 스푼 게임(Giant Spoons), PATCH의 Spoons game 등 시중에 유통되는 보드게임 제품을 통해 놀이 방법을 익힐 수 있다.

노래로 배워요!
People

참고 영상
How to play Spoon

활용 플러스

_ 질병

Q : What is wrong?

A : I have a cold(fever / headache / sore throat / toothache / bloody nose).

_ 음식주문

Q : May I take your order?

A : I would like a(n) cola(hamburger / orange juice / pizza / spaghetti / french fries).

04 지렁이 함락 작전

▲▲ ▲▲▲ ▲▲▲ ▲▲▲

단어와 숙어를 반복해서 말하면서 자연스럽게 외우게 되는 보드게임입니다. 놀이 도중 상대방과의 가위바위보에서 지면 다시 본인의 시작점으로 돌아가게 되는데, 다시 전진하는 동안 자기도 모르게 복습을 하게 됩니다. 단어 대신 이미지를 넣어서 단어 암기 학습으로 활용할 수 있습니다.

- **준비물** 타이머, 보드게임판, 말(개인별 3개씩)
- **시간** 3분
- **인원** 2명
- **적용** 단어 및 문장 리딩

활용 표현

- Where is the cat?
- The cat is under the chair(on the chair / in the box / behind the chair / in front of the chair / next to the chair / over the fence).

놀이 준비

둘이서 보드게임판 한 개를 준비하고 각자 자신의 말을 출발점에 놓는다.

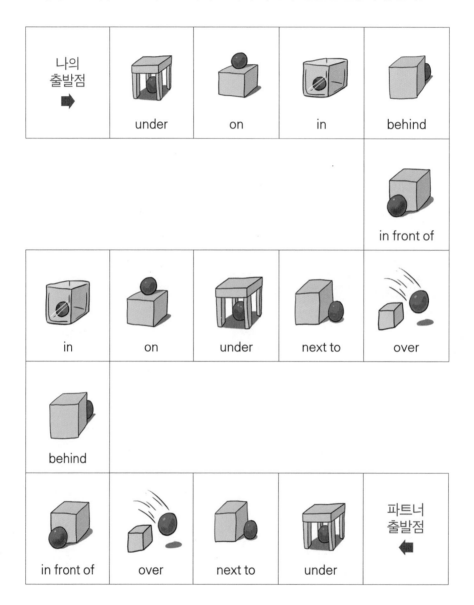

놀이 방법 1

1 타이머를 3분으로 세팅하고 시작한다.

2 가위바위보에서 이긴 사람이 말을 움직이는데 가위로 이기면 1칸, 바위는 2칸, 보자기는 3칸을 전진하고 도착한 칸에 적힌 단어를 읽는다.

3 각자의 말이 앞으로 가다가 서로 마주치면 상대방 말을 넘어갈 수 없다. 아래 그림처럼 말끼리 마주칠 때는 "Where is the cat?"이라고 서로 질문하고 각자 말의 위치에 있는 단어를 사용해 문장을 만들어 대답한다. 그후 가위바위보를 하고, 진 사람은 자신의 출발점으로 되돌아가서 다시 출발하고 이긴 사람은 계속 전진한다.

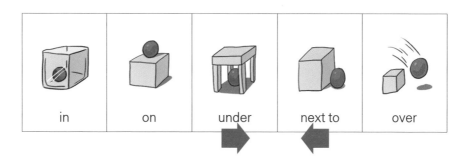

4 자신의 말이 상대편 출발점으로 들어가거나, 타이머가 울렸을 때 더 많은 칸을 이동한 사람이 이긴다.

놀이 방법 2

1 각자 말을 3개씩 준비한다. 〈놀이 방법 1〉과 같이 가위바위보를 해서 첫 번째 말을 움직이고 바닥에 적힌 단어를 읽는다.

2 상대편과 마주치게 되면 "Where is the cat?"이라고 서로 질문하고 각자 말의 위치에 있는 단어를 사용해 문장을 만들어 대답한다. 그 후 가위바위 보를 하는데, 진 사람은 자기 말을 진 칸 옆에 놓아두고 내가 가진 다른 말 이 와서 구조해 주기를 기다린다. 이긴 말은 계속 전진한다.

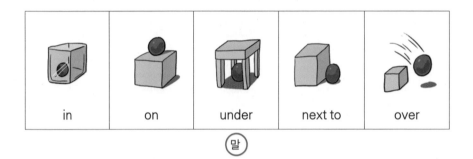

| in | on | under | next to | over |

말

3 진 말을 구조하기 위해 출발점에 있는 다른 말을 출발시킨다. 구조를 요청 하는 말이 있는 칸으로 가거나 그 칸을 지나가게 되면 그 말을 구해줄 수 있고, 말 2개가 동시에 앞으로 전진하게 된다(윷놀이에서 업고 가는 것과 같다).

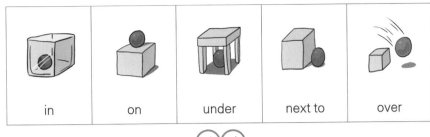

| in | on | under | next to | over |

말 말

4 말 2개가 같이 가다가 상대편을 만나면 가위바위보를 하고, 지게 되면 그 칸 옆에 말 2개 중 1개를 놓아둔다. 가위바위보를 한 번 더 해서 남은 말 1개가 이기게 되면 그 말은 앞으로 나아갈 수 있다. 만약 두 번 다 지면 진 칸 옆에 말 2개를 놓고, 출발점에 있는 마지막 남은 말 1개를 출발시키면 된다.

5 3개의 말 중 1개라도 상대편 출발점으로 들어가면 이긴다.

놀이 방법 3

1 보드게임판 2개를 오린 후, 양 끝인 '파트너 출발점'과 '나의 출발점'을 겹쳐 붙여서 놀이 확장판을 만든다. 가운데 이어 붙인 칸을 빼면 총 31칸 이동이 가능해서 이 놀이를 '베스킨라빈스 31' 이라고도 한다.

2 놀이판 한쪽 끝 칸에 말을 하나 놓는다 (두 사람이 말 한 개를 함께 사용한다).

3 가위바위보를 해서 이긴 사람은 말을 1칸에서 3칸까지 중 원하는 만큼 이

동시킬 수 있다.

4   이동하는 숫자를 잘 조절하여 마지막 칸에 상대방이 말을 놓을 수밖에 없
    도록 만들면 승리한다.

활용 TIP!

- 단어를 말하지 못할 경우 상대방이 알려주도록 하여 서로 가르치며 배우도
  록 한다.
- 보드게임판에 단어 대신 문장을 써놓으면 내용의 확장이 가능하다.
- 〈찍고 달려!〉(26p 참고)의 놀이 방법을 활용할 수 있다. 각자의 출발점에서
  시작하여 손가락을 짚어가며 단어를 읽고 전진하다가 상대방과 만나면 가
  위바위보를 해서 상대방의 출발점에 먼저 도착하는 사람이 승리한다.
- 놀이 확장판 가운데 겹쳐진 부분을 출발점으로 하여 각자 말을 놓고 서로
  등지고 이동해서 반대 방향으로 먼저 도착하는 사람이 이기는 놀이도 가능
  하다.

05 The Orange Game

▲▲ ▲▲▲ ▲▲▲ ▲▲▲

모두가 두 손에 같은 카드를 쥐도록 카드를 옆 사람에게 전달하는 놀이입니다. 원하는 카드를 요청할 때도 영어로 말하도록 하는 등 놀이를 하는 동안에는 오직 영어로만 의사소통을 하도록 하면 영어 실력의 향상에 도움이 됩니다.

- **준비물** 과일 그림 카드(모둠별 10장씩)
- **시간** 5~10분
- **인원** 모둠별 5명
- **적용** 단어 스피킹

활용 표현

- What do you like?
- oranges / apples / kiwis / watermelons / strawberries

놀이 준비

1 똑같은 과일이 2장씩 그려진 다섯 종류의 과일 카드를 잘 섞은 후 카드 1장을 뺀다.
2 모두 둥글게 앉은 후 카드 내용이 보이도록 한 명당 2장씩 나눠준다. 같은

과일 카드 2장을 받은 사람은 1장을 다른 사람과 바꾸어 양손에 서로 다른 카드를 갖는다.

3 카드를 나눠준 사람은 남은 1장을 갖고 모두 받은 카드를 내용이 보이게 손 위에 펼쳐 든다.

놀이 방법

1 카드를 1장만 가지고 있는 사람의 "One, Two, Three!" 신호에 맞춰서 "What do you like?"를 한목소리로 말하고 놀이를 시작한다.

2 한 손이 빈 사람의 양옆에 앉은 사람만 그 사람에게 카드를 1장 줄 수 있다. 카드를 주는 사람은 카드에 해당하는 단어를 말하면서 넘겨준다.

3 한 손이 빈 사람은 양옆에 있는 사람이 가진 카드 중 자신이 원하는 것을 가져갈 수도 있다. 이때 가져가는 카드에 해당하는 단어를 말한다.

4 카드 1장을 가진 한 사람을 제외한 모든 사람이 양손에 같은 카드를 갖게 되면 놀이가 끝난다.

활용 TIP!

- 놀이가 끝날 때까지 어떤 경우든 영어로만 소통하도록 한다. 우리말을 쓸 때는 놀이를 다시 처음부터 시작하도록 규칙을 추가할 수 있다.
- 놀이가 늘어지지 않도록 카드는 5초 안에 전달한다.
- 어떤 카드를 전달할지는 카드를 주는 사람의 판단에 맡긴다.
- 협력놀이로 활용하려면 모든 모둠이 동시에 시작해서 마치는 시간을 재고 기록한 다음 1초 앞당기기 미션에 도전하도록 한다. 미션에 실패하더라도 늘어난 기록에서 다시 1초 앞당기기를 실시해 성공하도록 한다.

활용 플러스

_ 취미

Q : What are you interested in?

A : I am interested in soccer(baseball / basketball / computer games / cooking).

_ 색깔

Q : What is your favorite color?

A : I like blue(yellow / green / purple / red).

_ 음식

Q : What do you like?

A : I like a spaghetti(hamburger / pizza / noodle / chicken).

06 Battleship

상대방 전투함의 위치를 추측해서 모두 침몰시키면 승리하게 되는 고전적인 테이블 놀이에 영어 표현을 더했습니다. 전투함을 찾아 미사일 공격을 하며 자연스럽게 문장을 익히게 됩니다. 단원의 핵심 문장을 뽑아 'Expressions' 칸에 넣으면 효과적인 복습이 가능합니다.

- **준비물** 보드게임판
- **시간** 5~10분
- **인원** 2명
- **적용** 핵심 문장 스피킹 연습

활용 표현

- What time is it?
- It is time for lunch(school / bed / homework).
- It is time to go to bed(brush your teeth / study / start the game).
- You missed!
- You hit!

놀이 준비

1   2명이 마주 앉아 보드게임판이 상대에게 보이지 않도록 잘 가린다.

My Ocean (나의 진영)

Name / Expressions	A	B	C	D	E	F	G
It is time for lunch.							
It is time for school.							
It is time for bed.							
It is time for homework.							
It is time to go to bed.							
It is time to brush your teeth.							
It is time to study.							
It is time to start the game.							

Enemy's Ocean (적의 진영)

Name / Expressions	A	B	C	D	E	F	G
It is time for lunch.							
It is time for school.							
It is time for bed.							
It is time for homework.							
It is time to go to bed.							
It is time to brush your teeth.							
It is time to study.							
It is time to start the game.							

2 보드게임판 상단의 My ocean 공간에 전투함 4척을 그리는데, 가로 세로 상관없이 2칸, 3칸, 4칸, 5칸을 연달아 칠해 각각 1척으로 구분한다. 단, 대각선으로는 칸을 연결할 수 없다. 각 전투함의 테두리는 진하게 표시해서 다른 함선과 구별한다.

My Ocean (나의 진영)

Name / Expressions	A	B	C	D	E	F	G
It is time for lunch.	■	■					
It is time for school.						■	
It is time for bed.						■	
It is time for homework.	■	■	■				
It is time to go to bed.						■	
It is time to brush your teeth.							
It is time to study.			■	■	■	■	■
It is time to start the game.							

3 가위바위보로 먼저 공격할 순서를 정한다. 이긴 사람은 공격, 진 사람은 방어를 하는데 한 번씩 번갈아가면서 놀이를 진행한다.

놀이 방법

1 먼저 방어자가 공격자에게 "What time is it?"이라고 질문을 던진다.

2 공격자는 상대방의 전투함이 있을 만한 곳의 위치를 추측하고 미사일을 쏜다. 추측한 위치의 Name(A~G)과 Expression을 읽으면 그쪽으로 폭탄이 날아간다. 예를 들어 아래 그림의 X 표시된 곳을 공격하려면 "E!, It is time to go to bed."라고 크게 외친다.

Enemy's Ocean (적의 진영)

Name / Expressions	A	B	C	D	E	F	G
It is time to go to bed.					×		

3 적의 전투함이 없는 빈칸에 한 공격은 실패한다. 이때, 방어자는 공격자에게 공격 실패를 알리기 위해 "You missed!"라고 말해 준다.

4 공격자는 자신의 보드게임판 하단의 Enemy's Ocean에 방금 폭탄을 던진 곳에는 전투함이 없다는 뜻으로 X 표시를 한다.

5 만약 공격한 곳에 적의 전투함이 있는 경우 공격은 성공하게 되고, 방어자는 공격자에게 공격 성공을 알리기 위해 "You hit!"라고 말해 준다.

6 방어자는 My Ocean의 공격받은 곳에 X 표시를 하고, 공격자는 Enemy's Ocean에 전투함이 여기 있다는 뜻으로 ○ 표시를 한다. 적의 전투함을 침몰시키기 위해서는 색칠된 칸을 모두 맞춰야 한다.

7 공격과 방어를 번갈아가면서 진행해 상대방의 모든 전투함을 먼저 침몰시키는 사람이 승리한다.

활용 TIP!

- 방어자가 "You missed!", "You hit!"를 정확하게 알려주어야 놀이의 혼란을 예방할 수 있다.
- 놀이에 익숙해지면 'Double 공격'을 추가해서 한 번에 미사일을 두 번 쏠 수 있게 한다. 자기 공격 순서에 "Double 공격!"이라고 외치고 공격을 두 번 연속하면 되는데, 한 판에 한 번으로 사용을 제한한다.
- '핵폭탄 공격'도 추가할 수 있는데, 자신의 공격 순서에 "핵폭탄 공격!"을 외치고 한 발을 발사한다. 핵폭탄은 위력이 대단하기 때문에 상대방 함선에 한 대만 맞아도 그 함선은 그대로 침몰한다. 'Double 공격'과 마찬가지로 남발을 방지하기 위해 한 판에 한 번으로 사용을 제한한다.
- 보드게임판의 Name 부분에 아이들이 좋아하는 연예인 이름이나 사진을 넣는 것도 가능하다.
- Hasbro의 Battleship 등 시중에 유통되는 보드게임 제품을 통해 놀이 방법을 익힐 수 있다.

노래로 배워요!
What Time Is It

07 문장 이어달리기

▲▲·▲▲▲·▲▲▲·▲▲▲

이어달리기에서 바턴으로 앞뒤 사람이 연결되듯이 이 놀이에서는 문장 카드로 앞뒤 사람이 연결됩니다. 모둠 전체가 7개의 문장을 정확히 읽고 써야 하는데, 내가 맡은 부분이 정확해야 뒷사람에게 순서를 넘길 수 있습니다. 서로 모르는 것을 가르쳐주며 협력하게 되는 놀이입니다.

- **준비물** 문장 카드(모둠별 7장씩)
- **시간** 10~15분
- **인원** 모둠별
- **적용** 모든 단원 문장 라이팅과 리딩

활용 표현

- When is the first day of school? - It is March 3rd(third).
- When does your summer vacation start? - It starts on July 18th(eighteenth).
- What time do you get up? - I get up at 7 o'clock.
- What time do you go to bed? - I go to bed at 10 o'clock.
- When is your birthday? - It is April 22nd(twenty second).
- When is the school festival? - It is November 12th(twelfth).
- What is today's date? - It is October 23rd(twenty-third).

놀이 준비

1 모둠원들은 〈활용 표현〉을 충분히 익힌 후, 문장 이어달리기를 할 순서를
정한다. 1번부터 7번까지 시계 방향으로 돌아가며 번호를 지정하는 것이
좋다.

2 칠판 앞에 출발선을 그리고 선생님은 교실 뒤편에 책상을 놓고 앉는다.

3 선생님은 놀이 활동지(61p 참고)의 문장 카드를 모둠 수에 맞춰 출력해서
번호별로 잘라 모은 후 순서대로 정리해 둔다.

4 출발선에는 각 모둠의 1번 선수가 나란히 선다.

놀이 방법

1 선생님의 출발 신호에 따라 1번 선수가 나가면 2번 선수가 출발선에 대기
   한다. 1번 선수는 빠른 걸음으로 선생님께 와서 1번 문장 카드를 받아서
   모둠으로 돌아간다.

2 문장 카드를 받아온 1번 선수가 정답을 쓸 때 다른 모둠원들이 도와줄 수
   있다.

3 정답을 다 썼으면 출발선에 대기하고 있는 2번 선수에게 전달하고, 2번 선

수는 정답이 적힌 문장 카드를 가지고 선생님께 가서 보여주고 그 문장을 정확히 읽고 쓸 수 있는지 확인받는다.

4 만약 틀렸다면 2번 선수는 문장 카드를 가지고 모둠으로 되돌아가서 친구들에게 도움을 받아 정답을 작성하거나 읽는 법을 배운 후 다시 선생님께 와서 확인받는다.

5 1번 문제를 통과하면 2번 선수는 2번 문장 카드를 받아 모둠으로 빨리 되돌아가서 정답을 적고 3번 선수에게 전달한다.

6 마지막 7번 문장 카드까지 성공하는 모둠순으로 순위를 매긴다.

활용 TIP!

- 놀이가 과열되면 아이들이 서두르는 나머지 틀리는 친구를 비난할 수 있으니 친구를 도와줄 때는 최대한 친절하게 가르쳐줘야 함을 강조한다.
- 어려워하는 학생들이 많을 경우 빈칸의 수를 줄여서 좀 더 쉽게 맞출 수 있도록 난이도를 조절한다.

놀이 활동지

Name	NO	Hint		Relay Sentences
T E A M ( )	1		3월 3일	Q: When is the first day of _____? A: It is _____ _____.
T E A M ( )	2		7월 18일	Q: When does your summer vacation start? A : It starts on _____ _____.
T E A M ( )	3			Q: What time do you _____ ___? A: I _____ ___ at _____ _____.
T E A M ( )	4			Q: What time do you ___ ___ ___? A: I ___ ___ ___ at _____ _____.
T E A M ( )	5		4월 22일	Q: When is your birthday? A: It is _____ _____.
T E A M ( )	6		11월 12일	Q: When is the school festival? A: It is _____ _____.
T E A M ( )	7		10월 23일	Q: What is today's date? A: It is _____ _____.

08 어느 손가락이게?

손가락으로 상대방의 뒷목을 찍고 어느 손가락인지 맞히는 놀이를 변형한 것으로 짧은 문장을 외우며 표현력을 기를 수 있는 활동입니다. 놀이 전에 손가락을 엄지부터 접으며 각 손가락에 지정된 문장을 말하면서 외우도록 합니다.

- **준비물** 색 카드(개인별 3장씩)
- **시간** 5~10분
- **인원** 2명
- **적용** 짧은 문장 5개 외우기, 가족 관계 명칭, 동사 배우기

활용 표현

- What finger?
- Let's run(dance / sing / swim / jump).

놀이 준비

1 활동 시간을 5분으로 정하고 안내한다.
2 다섯 손가락에 각각 지정된 〈활용 표현〉의 문장을 외우도록 지도한다.

손가락 이름	표현
엄지	Let's run.
검지	Let's dance.
중지	Let's sing.
약지	Let's swim.
소지	Let's jump.

놀이 방법 1

1　두 명씩 짝을 짓고 가위바위보를 하여 이긴 사람, 진 사람을 정한다.

2　진 사람은 엎드리고 이긴 사람은 진 사람의 뒷목에 다섯 손가락 중 하나를 살짝 찍는다.

3　이긴 사람이 "What finger?" 하고 질문을 하며 다섯 손가락을 활짝 펼쳐 보여주면, 진 사람은 짐작되는 손가락을 짚으며 그 손가락에 맞는 영어 표현을 말한다.

What finger?

검지? Let's dance?

4　이긴 사람은 맞으면 "Yes.", 틀리면 "No."라고 대답한다. 정답을 맞힐 수 있는 기회는 두 번 주어지며 두 번 다 틀리면 이긴 사람은 정답인 손가락을

짚으며 해당 영어 표현을 말한다. 진 사람이 못 맞히면 역할을 바꾸지 않고 놀이를 다시 한다.

놀이 방법 2

1   전체를 두 모둠으로 나눈다.
2   개인당 3장의 색 카드를 나눠주고 1장당 하나의 목숨을 부여한다.

3   교실을 돌아다니며 상대팀을 일대일로 만나 가위바위보를 하고 〈놀이 방법 1〉과 같이 손가락 맞히기 놀이를 한다. 가위바위보에 진 사람이 손가락을 맞히지 못하면 카드 1장을 상대방에게 준다. 만약 맞히면 상대방에게

카드 1장을 받는다.

4 카드를 모두 잃은 친구는 같은 모둠원에게 카드를 1장 얻어 놀이에 참여
   한다.

5 정해진 시간 동안 카드를 더 많이 모으는 편이 이긴다.

활용 TIP!

• 상대방에게 정직하게 정답을 알려주도록 지도한다.

• 〈놀이 방법 2〉에서 남은 카드가 없으면 더 이상 놀이에 참여할 수 없고, 이
  긴 사람 뒤에 붙어서 그림자처럼 따라다닌다는 규칙을 추가할 수 있다.

활용 플러스

Q : What finger?

A : Dad(Mom / Brother / Sister / Baby) finger.

09 전기 게임

▲▲ ▲▲▲ ▲▲▲ ▲▲▲

손으로 전기를 보내서 마음을 모으고 가위바위보에 해당하는 영어 표현을 말
하며 상대방과 겨루는 놀이입니다. 손으로 하는 가위바위보가 아니라서 처음
에는 많이 헷갈릴 수 있으나 칠판에 적어둔 표현을 계속 확인하며 자연스럽게
복습하게 되는 효과가 있습니다.

- **준비물** 없음
- **시간** 5~10분
- **인원** 2명 → 모둠 내부 → 모둠 대항(토너먼트)
- **적용** 짧은 문장 3개 외우기, 금지 명령하기, 할 수 있는 것 말하기, 동사 배우기

활용 표현

- Do not run(dance / swim).

놀이 준비

가위바위보에 해당하는 〈활용 표현〉을 외우도록 한다.

가위바위보	표현
가위	Do not run.
바위	Do not dance.
보	Do not swim.

놀이 방법 1

1   먼저 옆 짝과 겨룬다. 서로 눈을 맞추고 손가락을 펼치며 "One, Two, Three!"를 동시에 말한 다음 가위바위보 중 자신이 내고 싶은 것에 해당하는 〈활용 표현〉을 말한다.

2   예를 들어, 한 사람이 "Do not run."이라고 했는데 상대방이 "Do not dance."라고 했다면, 바위 표현을 한 사람이 이긴다. 이길 때마다 1점으로 계산해서 먼저 5점을 얻은 사람이 이긴다.

3   다음으로 모둠 내에서 두 편으로 나누고 같은 편끼리 책상 밑으로 손을 마주 잡는다. 신호를 보낼 사람을 정하고, 바위는 한 번, 가위는 두 번, 보는 세 번 오른쪽 사람 손을 쥐었다 놓는 것으로 약속을 정한다.

4   신호가 팀원 모두에게 다 전달되면 1~2와 같이 겨루는데, 팀원 전체가 신호에 맞는 표현을 동시에 말한다. 놀이는 3판 2승제로 진행한다.

5   마지막으로 모둠 대항으로 겨루는데, 놀이 방식은 모둠 내 놀이와 동일하다. 토너먼트 방식으로 1-2모둠, 3-4모둠, 5-6모둠으로 나눠 3판 2승제로 진행한다.

놀이 방법 2

1   개별로 교실을 돌아다니다가 마주치는 친구와 겨룬다. 일대일 만남에서
    진 사람은 이긴 사람을 따라다닌다.

2   두 명 이상이 되면 〈놀이 방법 1〉의 전기 게임 방법으로 겨룬다. 인원수가
    다른 그룹이 만날 경우에는 놀이에서 이기면 적은 인원수의 팀 숫자만큼
    팀원을 획득한다. 예를 들어 한 팀은 두 명, 다른 팀은 네 명이라면 네 명인
    팀이 이기면 두 명인 팀은 네 명인 팀으로 넘어가지만 두 명인 팀이 이기
    면 네 명인 팀에서 뒤에 있는 두 명만 넘어간다. 이런 식으로 한쪽 팀 인원
    이 다 없어질 때까지 겨룬다.

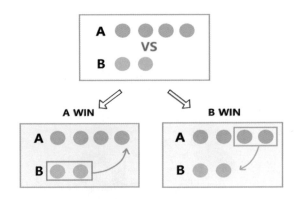

활용 TIP!

• 모둠 대항시 같은 편인데 다른 표현을 말하면 지는 것으로 정한다.

• 영어 표현에 맞는 몸짓도 구상해 함께하면 재미가 더해진다.

• 〈놀이 방법 1〉에서 토너먼트에서 떨어진 팀원들은 결승전에서 어느 모둠이
  이길지 예상하고 개별적으로 그 팀을 응원하도록 한다. 응원한 팀이 이기면

이긴 모둠과 같은 포인트를 주어서 승리에 동참하게 한다.

활용 플러스

가위 : I can jump.

바위 : I can dance.

보 : I can swim.

10 Trick! 숨바꼭질

▲▲ ▲▲▲ ▲▲▲ ▲▲▲

'연필 주인 찾기'로 알려진 놀이에 영어 표현을 더하고 재미있는 활동을 추가했습니다. 참여자들은 술래가 연필을 가지고 있는 사람을 찾을 수 있게 힌트를 주면서 질문에 알맞게 대답해야 합니다.

- **준비물** 연필(1개), 타이머, 빨간 펜(1개)
- **시간** 5~10분
- **인원** 학급 전체
- **적용** 허락받기, 물건 빌리기, 전화 통화하기, 긍정 · 부정 대답하기

활용 표현

- May I have a pencil?
- Yes, you may.
- No, you may not.
- Who has a pencil?
- I am sorry.
- I have a red pen.

놀이 준비

1 연필을 찾을 술래를 한 명 뽑아 교실 밖에서 기다리게 한다.
2 술래 몰래 연필을 숨길 사람을 뽑고, 그 친구가 자신의 책상이나 필통 속에 연필을 넣어 숨긴다.
3 놀이 시간은 1회에 1분으로 안내한다.

놀이 방법 1

1 술래가 교실로 들어와 칠판 앞에 서서 "May I have a pencil?"이라고 말하면, 다같이 "Yes, you may. Who has a pencil?"로 답하고 1분간 놀이를 시작한다.

2 앉아 있는 사람들은 술래가 연필을 숨긴 학생과 멀어지면 박수를 천천히, 가까이 가면 빠르게 쳐준다. 혹은 웃는 표정, 아쉬운 표정으로 힌트를 줄 수도 있다.

3   술래가 연필을 숨기고 있는 듯한 사람을 지명하면 모두 잠시 박수를 멈추고 주목한다. 술래는 자신이 지명한 친구에게 다가가 "May I have a pencil?" 하고 질문한다.

4   선생님의 "One, Two, Three!" 신호에 맞춰 그 친구가 연필을 가지고 있으면 다 같이 "Yes, you may."라고 말하고, 없으면 "No, you may not."으로 알려준다.

5   술래는 제한 시간 1분 동안 두 번의 기회 안에 연필을 찾아야 한다.

놀이 방법 2

1   연필과는 별개로 빨간 펜을 숨길 사람을 정한다.
2   술래는 2분 동안 3명의 친구에게 질문을 던져서 빨간 펜이 아니라 연필을 숨긴 사람을 찾아야 한다.
3   학생들은 술래가 빨간 펜을 숨긴 사람에게 다가가도 박수를 빠르게 친다. 연필을 숨긴 사람에게 다가갔을 때보다 조금 더 빨리 치도록 해도 좋다.
4   술래가 속임수에 넘어가 빨간 펜을 숨긴 친구에게 "May I have a pencil?"이라고 질문을 하면, 선생님의 신호에 따라 빨간 펜을 숨긴 친구는 "I am sorry. I have a red pen."이라고 대답한다.

활용 TIP!

• 시간이 부족하면 다음 판에 좀 더 늘려준다.
• 놀이에 익숙해지면 술래 1명에 연필 2개, 빨간 펜 2개를 숨기고 제한 시간 2분 동안 찾을 기회는 3번 주는 것으로 규칙을 변경해도 좋다.

- 〈놀이 방법 1〉에서 술래가 문 밖으로 나가면 두 편(학급 번호를 홀수와 짝수로 나누거나 몇 모둠을 묶어 두 그룹으로 나눈다.)으로 나눠서 한쪽 편은 연필 숨긴 사람에게 다가가면 박수를 빨리 치고, 다른 편은 반대로 박수를 천천히 치며 술래를 헷갈리게 만든다.

활용 플러스

_ 물건 빌리기

Q : Can I borrow a pencil?

A : Yes, you can. / No, you can not.

_ 전화 통화하기

Q : May I speak to Na Yeong?

A : Speaking. / She(He) is not here.

수업 Tip **열공! 워크북 제작 활용법**

워크북은 소책자로 제작합니다. 일반 프린터로 양면 인쇄를 한 다음 복사기에서 양면, 소책자 인쇄를 설정한 후 종이 사이즈를 B4로 선택합니다. 그러면 A4보다 조금 작은 크기로 인쇄됩니다. 학급 인원수만큼 복사한 후 복사물을 모아 접어 긴 스테이플러를 이용해 접힌 면의 위아래 두 군데를 찍으면 소책자가 완성됩니다(워크북 양식은 인디스쿨 영어 게시판에서 다운받을 수 있습니다).

워크북 1쪽에서는 단어를 공부합니다. 원어민 선생님의 발음을 듣고 우리말로 들리는 대로 적어두면 복습하는 데 도움이 됩니다. 알고 있는 단어는 넘어가고 모르는 단어만 적습니다. 단어는 한 번씩 쓰고 난 다음 V 표시로 체크해서 복습하도록 합니다.

Lesson ( ). 단원명

■ Grade   ■ Class   ■ NO.   ■ Name

New Words	Meaning (사전 뜻)	발음을 우리말로	Write & Check			
			□	□	□	□
brush						
tooth						

단어를 익힌 후에는 대화문을 들어보고 얼마나 들리는지, 내용이 이해되는지 질문을 하며 확인한 다음 놀이 시간을 갖습니다. 그리고 단어 쓰는 곳 아래에 챈트나 노래 가사를 적어주면 보고 부를 수 있어 편합니다.

그다음으로 핵심 문장 6개를 뽑아 제시하고 매 차시마다 듣고 말하고 쓰게 합니다. 영문 아래에는 직독직해에 익숙해질 수 있도록 해석이 아닌 영문 순서대로 뜻을 나열합니다. 그 아래 빈칸은 문장 속의 모르는 발음을 써두는 곳입니다. 문장 쓰기로 오른쪽의 빈칸을 채우며 공부한 후 대화문을 다시 들어보고 더 잘 들리는지, 잘 말할 수 있는지 확인합니다.

Key Expression

Korean		English	
Can you join us?			
1.	할 수 있니? / 너 / 합류하다 / 우리		
Sorry, I can not. I have a cold.			
2.	미안해 / 나 / 할 수 없어 / 나 / 가진다 / (한) 추위		

선생님은 해당 단원의 지도안을 분석해서 대화가 이어지는 문장들을 모두 모아 Person1과 Person2가 주고받을 수 있는 대화형으로 정리합니다. Person1과 Person2에 각각 매겨진 동일한 번호가 연결되는 하나의 대화입니다. 내용에 익숙해질 때까지 선생님이 Person1, 학생들이 Person2가 되어 대화를 나누고 역할을 바꿔서 다시 연습합니다. 선생님과의 연습을 마치면 친구들끼리 연습하는 시간을 갖는데, 교실을 돌아다니며 친구를 일대일로 만나 가위바위보를 해서 이긴 사람은 Person1, 진 사람은 Person2의 역할을 맡습니다. 대화를 마친 후에는 서로의 워크북에 Partner's name 칸을 찾아 본인의 이름을 씁니다. 만약 영어 실력이 부족해 대화 진행의 속도가 느리거나 대

화할 친구를 못 찾는 학생이 있다면 이미 학습을 끝낸 친구가 그 친구를 도와주며 대화를 진행합니다. 배려를 실천한 친구는 워크북의 '나눔실천' 칸에 친구의 서명을 받고 자신은 그 친구의 워크북 Partner's name 칸에 서명합니다. Partner's name 칸은 모두 8칸인데 수업 시간마다 2명씩 만나는 Speaking 활동을 4번 실시하면 다 채울 수 있습니다. 친구를 만날 때는 같은 사람이 중복되지 않게 만나도록 하고 친구를 잘 못 만나는 경우에는 선생님이 연결해 줍니다.

Speaking

Person1		Person2	
Let's	1. Play baseball. 2. Make a snowman. 3. Play.	1. OK. 2. Sounds good. 3. Sorry, I can not. I have a cold.	
Can you	1. Join us? 2. Play the violin?	1. Sorry, I can not. I am tired. 2. No, I can not. But I can play the cello.	
Partner's name			
1.	3.	5.	7.
2.	4.	6.	8.
나눔실천			

Speaking 활동이 충분히 이루어진 뒤에는 역할극을 진행합니다. 모둠별로 한 장면씩 맡게 하고 연습한 후 발표하게 합니다. 한 모둠당 4명인 경우 맡은 Scene에 등장인물이 4명보다 적다면 등장인물을 더 추가해 대사를 넣거나 사물이 되는 등의 예외를 허용하여 모두가 참여하는 것을 원칙으로 삼는 것이

좋습니다.

Scene 1	Scene 2
Scene 3	Scene 4

마지막으로 테스트를 진행합니다. 문제는 총 6문제로 정답을 모두 맞혀야 통과됩니다. 문제를 다 풀면 선생님에게 채점을 받고 틀린 문제는 다시 공부한 다음 맞을 때까지 시험지를 다시 쓰게 합니다. 처음부터 100점을 받아도, 몇 번을 고쳐서 100점을 받아도 그건 단지 속도의 차이일 뿐 모두가 100점이라는 것을 강조하고, 테스트를 점수의 확인보다는 복습의 계기로 삼는 것이 바람직합니다.

Test

Key Expressions		
1.	할 수 있니? / 너 / 합류하다 / 우리	
2.	미안해 / 나 / 할 수 없어 / 나 / 가진다 / (한) 추위	

▶ 원어민 발음이 필요하다면?

• Daum 사전(http://dic.daum.net)

로그온을 하면 나오는 '영어 단어장' 메뉴에 추가 버튼을 누르고 각 단원에 나오는 단어를 넣어둡니다. 발음 듣기 기능을 통해 반복 횟수와 재생 간격을 알맞게 설정하면 원어민 발음을 듣고 따라할 수 있습니다.

• Google 번역(https://translate.google.co.kr)

영어 단어나 문장을 번역기에 적으면 원하는 언어로 번역됩니다. 아래에 스피커 표시를 누르면 번역기의 내용을 읽어줍니다. 필요시 버튼을 누르면 원어민 발음을 듣고 따라할 수 있습니다.

친구와 신나게 통통 튀며
몸으로 소통하는 영어 놀이

Part 2

학습 참여 의욕을
높이는 놀이

영어를 놀이로 배우는 가장 큰 이유는 아이들에게 영어에 대한 흥미를 갖게 하고 수업에 주도적으로 참여하게 하기 위함입니다. 그러기 위해서는 놀이에 재미, 역동성뿐 아니라 스릴, 운, 연출 또한 필요합니다. 영어를 잘 몰라도 아는 사람이 가르쳐주면 이길 수 있고, 운의 작용으로 영어 실력과 무관하게 즐길 수 있어야 아이들이 흥미를 잃지 않고 놀이에 더 적극적으로 참여하기 때문입니다.

〈타임머신〉은 시간여행을 떠난 뒤 위험을 헤치고 돌아와 블랙홀에 빠진 친구를 구출하고 영웅이 되는 놀이입니다. 흥미로운 스토리가 주는 흡인력으로 아이들의 학습 참여도가 높아집니다.

〈텔레파시〉는 정답이 정해진 것이 아니라 무작위로 바뀌는 활동으로 영어를 잘하는 친구가 놀이를 주도하는 문제 없이 누구나 즐겁게 참여할 수 있습니다.

〈모서리 PPT 퀴즈〉의 진행 방식은 파워포인트 게임과 비슷하지만 코너마다 배치된 사람이 직접 퀴즈를 내고, 틀린 답을 말하면 정답을 알려주며 다음 기회에 맞힐 수 있도록 도와주기에 의욕이 꺾이지 않습니다.

간단한 패턴 영어 표현을 활용한 〈오락가락 OX 퀴즈〉, 〈오목〉, 〈줄줄이 기차〉, 〈선생님은 대마왕〉, 〈거짓말쟁이〉 등은 학습에 대한 부담이 적고 단순 반복을 통한 기본기 다지기에 좋습니다.

그리고 이 파트의 〈타임머신〉, 〈줄줄이 기차〉, 〈선생님은 대마왕〉, 〈볼링〉, 〈왕자와 거지〉 놀이는 모두 가위바위보에 따라 승패가 결정됩니다. 영어 실력보다 운에 좌우되는 놀이의 특징 때문에 아이들에게 '나도 해볼 만하다.'는 도전 의식을 갖게 합니다.

11 타임머신

▲▲ ▲▲▲ ▲▲▲ ▲▲▲

교실에 마련된 코너를 돌며 각 코너에 제시된 문장을 읽고 가위바위보로 승부를 겨루는 놀이입니다. 코너를 한 바퀴 돌아 타임머신센터로 오면 블랙홀에 빠진 친구도 구할 수 있고 모둠의 점수도 높일 수 있어 아이들이 적극적으로 참여합니다.

- **준비물** 스펀지 주사위(1개), 코너 번호표
- **시간** 15~20분
- **인원** 모둠별 4명씩
- **적용** 모든 단원 대화문 리딩

활용 표현

- It is cold. Put on your socks.
- It is hot. Take off your sweater.
- It is cold. Put on your gloves.
- It is hot. Take off your scarf.
- It is hot. Take off your hat.

놀이 준비

1 아래 그림처럼 교실을 5개의 코너와 블랙홀, 타임머신센터로 꾸미고, 각
   코너에는 지정된 문장이나 대화를 써서 부착해 둔다.

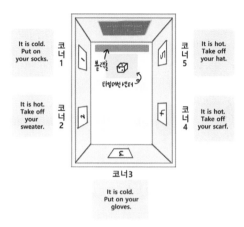

2 칠판에 Level 1~Level 5까지 이름을 쓸 수 있는 공간을 마련한다.

놀이 방법 1

1 모둠원들끼리 가위바위보로 2~5번 중 번호를 정한다. 각자 자기 번호에
   맞는 코너로 이동한다.

2   코너에서 만난 다른 모둠원과 코너에 있는 문장을 읽은 후 일대일로 가위
    바위보를 한다. 이긴 사람은 한 단계 높은 번호의 코너로 이동하고 진 사
    람은 한 단계 낮은 번호의 코너로 이동한다. 코너 1에서 진 사람은 블랙홀
    로 이동해서 구조를 기다린다.

3   코너 5에서 이긴 사람은 칠판으로 가서 Level 1의 칸에 본인의 이름을 쓰
    고 블랙홀로 가서 같은 모둠 친구 모두를 구조한다.

4   구조한 사람과 같이 타임머신센터로 가서 주사위를 굴려서 나온 숫자에
    해당하는 코너로 이동한다. 만약 주사위 숫자가 1과 6이 나오면 코너 1로
    간다.

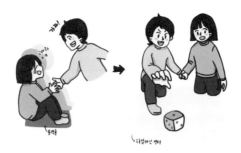

5 정해진 시간이 끝나면 Level별로 점수(각 1~5점)를 부여해서 모둠의 총점이 높은 순으로 순위를 정한다.

놀이 방법 2

1 타임머신센터를 없애고 〈놀이 방법 1〉의 규칙을 아래와 같이 변경한다.

2 모둠원이 4명인데 3명이 블랙홀에 있다면 3명끼리 가위바위보를 해서 이긴 1명은 자동으로 부활하게 한다.

3 Level 1이 된 모둠원은 블랙홀에 있는 같은 모둠의 모둠원들을 전원 구조할 수 있다. 그리고 다시 코너 1~5를 돌아온다. Level 2, 3이 될 때까지 같은 과정을 반복한다.

4 Level 3이 된 학생은 선생님과 대결하는 가위바위보를 한다. 학생이 이기면 블랙홀의 친구들은 전원 구조되고 학생들의 승리로 놀이가 끝난다. 선생님이 이기면 그 학생은 Level 1로 강등되고 코너 3에서부터 다시 놀이를 시작한다.

활용 TIP!

- 코너에 사람이 없다면 다른 친구가 올 때까지 기다려야 한다.
- 코너 5를 통과했는데 블랙홀에 구출할 친구가 없다면, 혼자 타임머신센터로 가서 주사위를 던지고 그 숫자에 해당하는 코너로 이동한다.
- 코너에서 리딩을 안 하는 학생들을 바로 블랙홀로 보내는 규칙을 만들면 일대일 대결시 리딩을 빼먹지 않는다.
- 블랙홀에 다녀와도 본인의 Level은 유지됨을 안내한다.
- 가위바위보 소리로 교실이 소란해지면 '침묵 가위바위보'를 하도록 한다.

활용 플러스

_ 코너마다 대화문 제시

A: What is your favorite class?

B: My favorite class is english(korean / math / science / PE).

12 텔레파시

▲▲ ▲▲▲ ▲▲▲ ▲▲▲

정답이 무작위로 정해지기 때문에 영어 실력과 상관없이 누구나 즐겁게 참여할 수 있는 놀이입니다. 참여자들은 선생님이 보내는 텔레파시를 감지하여 정답일 것 같은 곳으로 이동합니다. 비슷한 구조의 문장을 살펴보며 문장의 구성 방식을 익힐 수 있습니다.

- **준비물** 코너 번호표, 추첨용 번호 쪽지
- **시간** 10~15분
- **인원** 모둠별
- **적용** 지시하기, 좋아하는 음식, 모든 단원 4문장

활용 표현

- You should wear a seat belt(a helmet / your gloves / glasses).
- You should wash your hands(take a shower / wash your face / wash your foot).
- You should not litter(fish / bring a dog / swim).
- You should not touch(climb / ride a bike / go this way).
- Do not run(jump / talk / be noisy), please.
- Do not eat(sleep / do that / touch), please.

놀이 준비

교실을 네 곳으로 나눠 구분하고 각각 1~4번까지 번호를 써서 붙인다.

놀이 방법

1 선생님이 문제를 읽어주거나 화면에 PPT로 제시한다.

2 모둠 대항이므로 모둠원들끼리 서로 의논해서 정답일 것 같은 번호의 코너로 각자 흩어져 이동한다.

3 코너에 도착한 후 학생들은 선생님에게 텔레파시를 보낸다.

④ You should
wear glasses!!!

4 선생님은 상자에서 번호 쪽지를 한 장 뽑아서 정답을 공개한다. 정답을 제외한 다른 코너의 학생들은 자리로 돌아가 앉는다.

5 정답을 맞힌 학생들을 대상으로 다음 문제를 낸다.

6 생존자가 5명 이하일 때, 모둠별로 남아 있는 학생 수만큼 모둠 점수를 부여한다.

활용 TIP!

• 주어진 문장을 확실히 익힐 수 있도록 〈활용 표현〉의 문장들을 되풀이해서 문제를 낸다.

• 상자에서 뽑은 번호에 아무도 없다면 화면에 제시된 문제 번호를 시작으로 해서 '코카콜라' 노래를 부르며 아래 위로 번호(② → ③ → ④ → ③ → ② → ① → ② → …)를 이동해 노래의 마지막 글자에 해당하는 번호가 정답

이 되도록 한다. "코카콜라 맛있다~ 맛있으면 또 먹어~ 또 먹으면 배탈 나 ~ 배탈 나면 척척박사님께 알아봅시다~ 딩동댕 동!"

13 모서리 PPT 퀴즈

PPT(파워포인트) 게임의 장점은 다양한 유형의 문제를 묻고 답할 수 있다는 점입니다. 이 놀이는 PPT 게임의 장점은 살리면서 역동적으로 몸을 움직여 놀 수 있는 활동으로 단원 마지막 차시에 복습용으로 활용하기 좋습니다.

- **준비물** PPT 문제 인쇄물, 스펀지 주사위(1개)
- **시간** 15~20분
- **인원** 모둠별 4명씩
- **적용** 모든 단원 복습

활용 표현

- What did you do yesterday?
- I made hamburgers.
- I rode a bike.
- I danced.
- I played the guitar.
- I went to the zoo.

놀이 준비

1 인디스쿨, 원어민 교사들의 자료공유 사이트 등 인터넷 참고 사이트에서
   해당 학년, 단원의 PPT 퀴즈를 다운받는다.

2 PPT 퀴즈를 TV에 띄우고 문제와 정답을 확인하며 다 같이 학습한다.

3 교실의 네 모서리를 코너 1~4로 지정하고 한 모둠(4명)은 출제자 모둠으
   로 정한다.

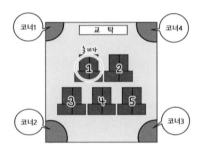

4 선생님은 출제자 모둠원들에게 인쇄한 PPT 퀴즈 문제(총 20문제라면 5문제
   씩)를 고르게 나눠준다.

5 출제자는 문제를 가지고 자기가 맡은 코너로 이동한다.

6   선생님은 칠판에 각 모둠의 이름을 적어두고 주사위를 칠판 앞에 놓는다.

놀이 방법

1   모둠원들에게 각각 1~4의 번호를 부여하고 번호별로 선생님이 던지는 주사위 숫자에 해당하는 코너로 이동하게 한다. 1, 5, 6번이 나오면 코너 1로 간다.

2   출제자는 코너에 모인 사람들을 한 줄로 세우고 문제를 낸다. 정답을 맞힌 사람은 통과시키고, 틀린 사람은 정답을 보여주고 맨 뒷줄로 보내 다시 맞히게 한다.

3 통과된 사람은 다음 코너로 이동한다.

4 코너 4까지 통과하면 칠판에 적힌 본인의 모둠 이름 칸에 동그라미를 하나 그려놓는다. 그리고 주사위를 던져 새로 이동할 코너를 정한다.

5 제한된 시간 동안 칠판에 동그라미가 많은 모둠순으로 순위를 매긴다.

활용 TIP!

14 오락가락 OX 퀴즈

▲▲ ▲▲▲ ▲▲▲ ▲▲▲

OX 퀴즈는 잘 몰라도 찍는 맛이 있고, 틀려서 탈락해도 다시 참여할 수 있는 패자부활전이 있어 아이들의 참여도가 높습니다. ZIZIOX 퀴즈툴을 이용하면 좀 더 신나는 활동이 가능합니다.

- **준비물** 사진 10장, ZIZIOX 퀴즈툴
- **시간** 10~15분
- **인원** 학급 전체
- **적용** 소유물 확인

활용 표현

- You are a boy(girl).
- Do you have an apple(a bag / a banana / a camera / gloves / a hat / an orange / a violin / a watch / a watermelon)?
- Yes, I do.
- No, I do not.

놀이 준비

1 인디스쿨 영어게시판에서 사진을 다운받아 소년, 소녀가 갖고 있는 소유
   물을 확인하는 문제를 10개 만든다. (여기서는 소년, 소녀가 등장하는 이미지를 5
   장씩 준비했다.)

2 질문이 "Do you ~ ?"이므로 주인공이 소년인지 소녀인지에 따라 정답이
   달라진다. (예를 들어, 1번의 문제의 경우 "Do you have an apple?"이라고 물었을 때
   주인공이 소년이라면 "Yes, I do."로 O가 정답이고 소녀라면 "No, I do not."으로 X가
   정답이 된다. 아래 문제의 정답은 소년 기준이다.)

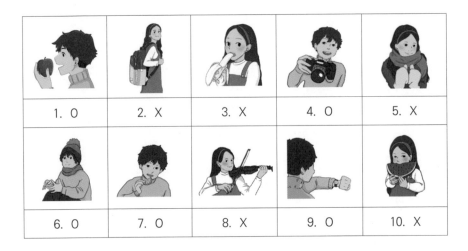

3 사진을 TV로 보여주며 'an apple', 'a bag', 'a banana' 등 단어 외우기를
   진행한다.

놀이 방법 1

1 이야기의 주인공은 소년임을 안내한다.

2 〈활용 표현〉의 질문을 활용해 문제를 낸다.

3 소년의 소유물이 맞다고 생각하면 선생님의 "One, Two, Three!" 신호 뒤에 "Yes, I do."라고 말하고 손으로 큰 원을 그리며 O 표시를 한다. 아니라고 생각하면 "No, I do not."이라고 말하고 양팔을 X자로 엇갈리게 표시한다.

4 1번 문제를 맞히면 책상 위로 올라가서 앉는다. 책상 위에 올라가 앉은 사람만 다음 문제를 풀 수 있다. 오답자는 다시 의자에 앉는다.

5 절반 이상이 탈락하면 패자부활전(이미 냈던 문제를 한 번 더 출제함)을 진행한다. 패자부활전을 통과하면 다시 책상 위로 올라가 문제를 풀 수 있게 한다.

6 10번 문제까지 풀고 나서 문제를 맞힌 개수에 10점을 곱해서 점수를 계산한다.

7 놀이가 끝나면 이번에는 주인공을 소녀로 바꾼 후 다시 문제를 푼다.

놀이 방법 2

1 인디스쿨 영어 게시판에서 'ziziox-data'를 다운받은 뒤 폴더를 연다.

2 'data1.txt'를 더블 클릭하여 열고 제목에는 주인공이 소년임을 알려주는 문장인 'You are a boy.'를 쓴다. 1번부터 10번까지 〈활용 표현〉의 문장을 활용하여 만든 문제를 차례대로 삽입한다. 다른 것은 손대지 않고 정답의 여부에 따라 O, X만 문제에 맞게 고쳐서 저장한다. 패자부활전 문제는 따로 만들지 않고 이미 출제했던 문제를 필요할 때 다시 내도록 한다.

3 이번에는 '데이타정리하기.txt' 파일을 연다. 'data1'과 'data2'에 필요한
   내용만 수정한 뒤 저장한다.

4 'ziziox' 폴더의 'ox.exe' 파일을 더블 클릭하면 OX 퀴즈가 실행된다.

활용 TIP!

• O, X를 팔로 표시할 때 선생님의 "One, Two, Three!" 신호에 정확히 맞

추도록 사전 연습한다. 정답을 조금 늦게 표시하며 눈치로 답을 수정하지 않도록 한다.

• 문제를 틀려서 자리에 앉아 있는 사람도 패자부활전 이전에 손가락으로 O, X를 표시해서 놀이에 참여할 수 있도록 한다.

15 오목

▲▲·▲▲▲·▲▲▲·▲▲▲·

바둑알로 두는 오목은 다들 한번쯤 해보셨지요? 나만의 기호를 사용해 오목을
만드는데, 보드게임판에 나와 있는 영어를 순서대로 읽으면 하나의 문장이 완
성되고 기호를 표시할 위치가 정해집니다. 상대편과 번갈아가며 공격과 방어
를 하다 보면 다양한 문장을 소리내어 읽게 됩니다.

- **준비물** 보드게임판
- **시간** 5~10분
- **인원** 2명
- **적용** 허락 요청하기, 패턴 연습

활용 표현

- Can I borrow your(use your / touch this / take this / have this / touch your)
  pencil(book / ball / watch / glue / eraser)?

놀이 준비

1 둘이 모여 보드게임판을 준비하고, 가위바위보를 통해 놀이 순서를 정
   한다.
2 ○, △, ×, ☆ 등 각자 사용할 나만의 기호를 정하도록 한다.

놀이 방법

1 오목을 두고 싶은 곳에 해당하는 영어 문장을 완성해서 말한다. 아래 그림에 나와 있는 ①, ②, ③을 순서대로 말하면 "Can I borrow your pencil?"이라는 문장이 완성되고, 그 칸에 ○ 표시를 할 수 있다.

① Can I	③ pencil?	book?	ball?	watch?	glue?	eraser?
② borrow your	○					
use your						
touch this						
take this						
have this						
touch your						

2 다음 순서의 사람이 X 표시를 한 곳에 오목을 두기 위해서는 ①, ②, ③의 순서로 문장을 만들어 말하면 된다.

① Can I	pencil?	③ book?	ball?	watch?	glue?	eraser?
borrow your	○					
② use your		X				

3 가로, 세로, 대각선 어느 방향으로든 같은 기호 5개를 한 줄로 나란히 먼저 만든 사람이 승리한다.

Can I	pencil?	book?	ball?	watch?	glue?	eraser?
borrow your	O	O			X	
use your	O	X		X	O	
touch this	O		X	O		
take this	O	X	O			
have this	X	X				
touch your						

활용 TIP!

- 기호를 표시하는 곳에 알맞는 영어 표현을 하는지 서로 잘 듣고 확인한다.
- 오목은 먼저 두는 사람이 유리하므로 진 사람이 다음 판에 먼저 둘 수 있도록 배려한다.
- 상대방의 돌이 연달아 세 개 놓였을 때 일단 방어부터 해야 지지 않는다는 것을 미리 알려준다.
- 공격만 하려고 들면 수를 읽혀 막히기 쉽다. 공격과 방어를 적당히 오가면서 상대방의 착각을 유도해 승부를 진행하도록 한다.
- 〈Battleship〉 보드게임(51p 참고)으로도 활용할 수 있다. 상단은 'My Ocean', 하단은 'Enemy's Ocean'으로 정하고 'My Ocean' 공간에 2칸, 3칸, 4칸의 전투함을 각각 1대씩 그리고 놀이를 진행한다. 오목과 동일한 방식으로 문장을 만들어 읽으면 그 칸에 미사일 공격이 가능하다.

노래로 배워요!
School Supplies

Battleship (My Ocean)						
Can I	pencil?	book?	ball?	watch?	glue?	eraser?
borrow your						
use your						
touch this						
take this						
have this						
touch your						

Battleship (Enemy's Ocean)						
Can I	pencil?	book?	ball?	watch?	glue?	eraser?
borrow your						
use your						
touch this						
take this						
have this						
touch your						

16 줄줄이 기차

▲▲·▲▲▲·▲▲▲·▲▲▲·▲▲▲

앞사람의 어깨에 손을 얹고 돌아다니며 다른 기차를 만나 겨루는 놀이로 영어 표현을 쓰며 꼬리에 붙는 인원을 점점 늘려나가는 재미가 있습니다. 단어만 바꿔가며 문장 패턴을 연습하기 좋은 활동입니다.

- **준비물** 없음
- **시간** 5~10분
- **인원** 학급 전체
- **적용** 위치, 길 묻기, 길 안내하기, 문장 패턴 연습

활용 표현

- Where is the cafeteria(the library / the gym / the auditorium)?

놀이 방법 1

1 선생님의 시작 신호에 맞춰 옆 친구와 일대일로 가위바위보를 한다.
2 가위바위보에서 이긴 사람이 먼저 〈활용 표현〉에 있는 단어 중 하나, 예를 들어 "cafeteria"라고 말한다.
3 진 사람은 이긴 사람이 말한 단어를 넣어서 "Where is the cafeteria?" 라는 문장을 완성한 후 질문하고 이긴 사람의 뒤로 붙어 기차의 꼬리가 된다.

4   2명 이상의 꼬리가 있는 기차끼리 만났을 경우에는 기차의 머리끼리 겨루
    는데 여기서 진 사람은 상대편 기차의 꼬리 끝에 붙는다. 상대편이 한 명
    도 남지 않을 때까지 계속한다.

5   학급 전체에 길게 연결된 기차가 두 개 만들어지면 놀이를 멈춘다. 두 기
    차 중 인원수가 많은 팀이 승리한다.

놀이 방법 2

1   〈놀이 방법 1〉의 두 개의 긴 기차에서 멈추지 않고 최후 승부를 가린다.

2   두 기차 중 인원이 적은 편에 맞춰 서로를 마주 보고 선다. 인원이 많은 팀
    의 나머지 인원은 둘째 줄에 서 있다가 상대편과 겨룬다.

3   다같이 동시에 마주 보는 사람과 가위바위보를 한다.

4   진 사람은 선생님이 말하는 단어로 질문을 완성해서 말하고 제자리에 앉
     는다.

5   상대팀을 모두 이기면 승리한다.

활용 TIP!

• 〈활용 표현〉의 단어를 골고루 사용하도록 한다.

• 긴 기차를 계속 피해 다니는 경우 선생님의 권한으로 탈락시킬 수 있다고
  미리 안내하면 놀이가 더욱 활발해진다.

활용 플러스

Where is the cafeteria? - It is next to the library.

Where is the library? - It is next to the cafeteria.

Where is gym? - Go straight and turn left.

Where is the auditorium? - Go straight and turn right.

17 선생님은 대마왕

▲▲ ▲▲▲ ▲▲▲ ▲▲▲

사악한 마법으로 인간을 모두 바퀴벌레로 만든 대마왕 선생님을 이겨야 마법
이 풀리고 아이들이 다시 사람이 될 수 있습니다. 바퀴벌레에서 대마왕과 맞
설 대천사로 진화하기 위해 학생들은 끊임없이 대화문을 연마합니다.

- **준비물** 없음
- **시간** 10~15분
- **인원** 학급 전체
- **적용** 목적지, 허락 구하기, 승낙받기, 모든 단원 대화문

활용 표현

- Where are you going?
- I am going to the cafeteria(the library / the park / the playground / the gym /
  the auditorium / my class).
- Can I come in(sit here / go home / play outside / eat it / touch it / play the
  piano)?
- Sure, go ahead.

놀이 준비

1   선생님은 칠판에 'Cockroach(바퀴벌레) → Mouse(쥐) → Cat(고양이) → Dog(개) → Tiger(호랑이) → Human(사람) → Angel(천사) → Archangel(대천사)'의 진화 과정을 차례로 쓴다.

2   아래의 그림을 보고 각자 역할에 맞는 행동을 할 수 있도록 안내한다.

놀이 방법 1

1 대마왕인 선생님을 물리치기 위해 학생들은 모두 바퀴벌레에서부터 진화를 시작한다. 같은 동족끼리만 진화를 위한 가위바위보를 할 수 있다.

2 가위바위보에서 진 사람은 "Where are you going?"이라고 질문하고, 이긴 사람은 "I am going to (원하는 장소)."라고 대답한다.

3 가위바위보에서 이긴 사람은 다음 단계로 진화하고, 진 사람은 한 단계 아래로 퇴화한다. 단, 바퀴벌레에서 지면 계속 바퀴벌레로 남는다.

4 놀이 중 대천사가 탄생하면 학급 전체가 주목한다. 대마왕인 선생님은 먼저 테스트를 위해 "Where are you going?"이라고 묻고, 대천사는 "I am going to (원하는 장소)."라고 대답한다. 다양한 표현으로 대답할 수 있도록 몇 번의 질문을 거듭해서 대천사의 실력을 충분히 확인한 후 대마왕과 대천사는 최종 결투인 가위바위보를 한다. 대천사가 이기면 대마왕을 물리치고 모든 참여자가 사람으로 돌아오고 사람 편이 1승을 얻는다. 반대로 대천사가 지면 모두 바퀴벌레로 돌아가 놀이를 처음부터 다시 시작하고 대마왕 선생님이 1승을 얻는다.

놀이 방법 2

1 〈놀이 방법 1〉과 동일하게 진행한다. 이번 놀이에서는 가위바위보를 한 후, 상대방의 허락을 구하고 승낙을 받는 대화문을 사용한다.

2 가위바위보에서 이긴 사람은 "Can I (원하는 행동)?"이라고 질문하고, 진 사람은 패배를 인정하며 "Sure, go ahead."라고 대답한다.

3 이긴 사람은 다음 단계로 진화하고, 진 사람은 이전 단계로 퇴화한다.

활용 TIP!

- 영어 표현을 쓰지 않고 가위바위보만 하는 학생이 발견되면 바퀴벌레로 강등시킨다는 규칙을 만들어 모든 학생이 적극적으로 영어 표현을 익힐 수 있도록 한다.
- 대천사의 실력을 확인할 때는 다양한 표현으로 대답해야 한다고 미리 안내하면 영어 표현을 다양하게 쓰면서 진화하게 된다.
- 바퀴벌레에서 사람까지만 진화하도록 하면 놀이 시간을 줄일 수 있다.

노래로 배워요!
We're Going To The Zoo

18 거짓말쟁이

자신이 잘하는 것과 잘 못하는 것을 can과 can not의 표현을 넣어 문장으로 만든 후 진짜 같은 거짓말을 섞어 친구들을 속이는 놀이입니다. 한 모둠씩 나와 놀이를 진행하는데 누가 포커페이스로 태연하게 거짓말을 하는지 골라내는 재미가 있습니다.

- **준비물** 학습지(모둠별 1장씩)
- **시간** 10~15분
- **인원** 모둠별 4명씩
- **적용** 가능 유무, 좋아하는 과목, 관심 있는 것

활용 표현

- (본인 이름) can (not) (본인이 잘하거나 잘 못하는 행동).
- The liar is (친구 이름).

놀이 준비

1   모둠별로 학습지를 받아 모둠원들의 이름을 쓰고 각자 잘하는 것은 can, 잘 못하는 것은 can not의 표현을 사용해 문장을 만든다. 한 사람당 can 이나 can not 중 하나만 쓴다.

Name	Team(　)

2　세 명은 진실을 쓰고, 한 명은 거짓말을 쓴다.

놀이 방법

1 모둠별로 앞으로 나와 한 줄로 서고 한 사람씩 각자 자신의 이름을 넣어 "(본인 이름) can (not) (본인이 잘하거나 잘 못하는 행동)"의 순서대로 학습지에 적힌 문장을 읽는다.

2 다른 모둠은 서로 의논해서 이 모둠의 누가 거짓말을 했는지 맞힌다.

3 선생님이 "The liar is ~ One, Two, Three!"로 신호를 보내면 진실을 말한 사람들은 앉고, 거짓말을 한 사람만 선다.

4 각 모둠의 거짓말쟁이를 가장 많이 맞힌 모둠이 승리한다.

활용 TIP!

• 문제를 내는 모둠은 다른 모둠에게 정답을 들킬 수 있으므로 조용히 상의
하도록 한다.

활용 플러스

_ 흥미

I am interested in soccer(baseball / basketball / computer games / cooking /
making food).

_ 좋아하는 과목

My favorite class is english(korean / math / science / PE).

19 볼링

▲▲·▲▲▲·▲▲▲·▲▲▲

대화문을 이용해 공격팀이 수비팀을 볼링핀처럼 쓰러뜨리는 놀이입니다. 가위바위보에서 이긴 후 지정된 표현에 대한 정답을 맞혀야 앞으로 계속 전진할 수 있으며 끝까지 가면 볼링핀 뒤에 숨은 왕을 만나게 됩니다. 만나는 상대방마다 질문이 다르므로 여러 가지 표현을 익힐 수 있습니다.

- **준비물** 카드
- **시간** 5~10분
- **인원** 학급 전체
- **적용** 소유대명사, 장래희망

활용 표현

- Whose doll(flower / cat / dog) is this?
- It is mine(yours / his / hers).
- Yes, it is.
- No, it is not.
- What do I want to be when I grow up?
- You(I) want to be a doctor(a driver / a farmer / a teacher).

놀이 준비

1   선생님이 대화문의 역할 A, 학생들이 역할 B를 맡는다. 예문은 아래와
    같다.

A : Whose doll is this? B : It is mine. A : Yes, it is.	A : Whose flower is this? B : It is yours. A : Yes, it is.
A : Whose cat is this? B : It is his. A : Yes, it is.	A : Whose dog is this? B : It is hers. A : Yes, it is.

2   선생님과 학생들이 A, B의 역할을 바꿔가면서 문장을 외울 수 있도록 연
    습한다.

3   학급 전체를 공격팀과 수비팀으로 나눈 뒤, 공격팀은 출발선에 나란히 세
    우고 수비팀은 볼링핀 모양으로 서게 한다. 수비팀의 꼭지점에는 왕을 한
    명 뽑아 세운다.

4   선생님은 수비팀에게 카드를 1장씩 나눠주며 doll, flower, cat, dog의 영
    어 표현을 정해 준다.

| doll | flower | cat | dog |

놀이 방법 1

1   선생님의 출발 신호에 따라 공격팀 모두는 수비팀 첫 번째 줄과 가위바위
     보를 한다.

2   공격팀은 가위바위보에서 지면 다시 출발선 안으로 들어갔다가 나와 수비
     팀과 재대결한다.

3   수비팀은 가위바위보에서 지면 "Whose (   ) is this?"라고 질문한다. 선
     생님이 미리 자신에게 정해준 단어를 괄호 안에 넣어 문장을 만든다.

4 공격팀은 "It is (   )."라고 문제에 맞는 정답을 괄호 안에 넣어 대답한다. 수비팀은 대답을 듣고 정답이면 "Yes, it is.", 오답이면 "No, it is not."이라고 말한다.

5 공격팀이 정답을 맞힐 경우 수비팀 다음 줄로 넘어가서 동일한 방식으로 놀이를 진행하고, 틀리면 한 줄 뒤로 물러선다.

6 공격팀이 수비팀의 끝까지 가서 꼭지점의 왕을 이기면 왕 뒤에 선다.

7 5분 동안 놀이를 진행한 후 왕을 이긴 공격팀의 수를 센다. 공격과 수비를 바꿔 다시 놀이를 시작하고, 왕을 가장 많이 이긴 팀이 최종적으로 승리한다.

놀이 방법 2

1 〈놀이 방법 1〉의 방식에서 수비팀의 질문을 장래희망 맞히기로 변경한다.

2 수비팀이 "What do I want to be when I grow up?"이라고 물으면 공격팀은 "You want to be (추측한 장래희망)"이라고 수비팀 친구들의 장래희망을 추측해서 정답을 맞힌다.

3 공격팀의 대답이 틀리면 수비팀은 "I want to be (본인의 장래희망)"이라고 알려준다.

4 공격팀은 출발선 안쪽에서 다른 팀원들과 정보를 공유할 수 있다.

활용 TIP!

- 카드를 수비팀에게 한 장씩 나눠주면 본인에게 지정된 표현을 잊어버리지 않는다.
- 놀이 시간이 부족할 경우에는 첫 줄에서 졌을 때 출발선으로 돌아가지 않고 그 줄에 그대로 머물러 다른 친구와 재대결을 하게 한다.

20 왕자와 거지

▲▲ ▲▲▲ ▲▲▲ ▲▲▲

상대방과의 승부를 통해 신분이 상승하게 되는 놀이입니다. 자신의 이름을 소개하고 상대방의 이름을 묻는 과정을 반복하며 실력이 다져지고 영어로 자신을 소개하는 데에도 익숙해집니다.

- **준비물** 의자(5개), 신분 카드(모둠별 4장씩)
- **시간** 10~15분
- **인원** 모둠별 6명씩
- **적용** 이름 소개하기, 기분 표현하기

활용 표현

- Hi! My name is (본인 이름).
- What is your name?
- Bye(Good bye)!
- Are you happy?
- Yes, I am happy.
- No, I am not. I am angry.

놀이 준비

1 의자를 준비해 5명은 나란히 앉고 왼쪽 끝 사람을 '왕'으로 지정한다. 술래는 오른쪽 끝 사람과 마주보고 선다.

2 대화와 묵찌빠를 통해 왼쪽으로 이동하며 거지에서 왕으로 신분이 상승된다.

놀이 방법 1

1 술래가 먼저 "Hi! My name is (본인 이름). What is your name?"이라고 물으면 마주 보고 앉아 있는 사람은 "My name is (본인 이름)."이라고 자기 소개를 한다.

2 그 후 둘이서 묵찌빠를 한다. 앉아 있는 사람이 이기면 술래와 자리를 바
   꾸고 "Bye!"라고 인사하며 왼쪽으로 이동한다. 반대로 술래가 이기면
   "Bye!"라고 인사하고 왼쪽으로 이동한다.

3 왕은 본인의 이름 대신 "I am a king."이라고 자기소개를 한다. 술래가 왕
   과 겨뤄서 이기면 새로운 왕이 되고, 이전 왕은 거지가 되어 오른쪽 끝에
   앉아 있는 사람에게 질문하며 다시 놀이를 시작한다.

4 만약 왕이 방어에 성공한다면 방어 1번에 왕의 재임 기간을 1년씩 늘려
   준다. 정해진 시간 동안 가장 오래 재임한 왕이 승자가 된다.

놀이 방법 2

1 4명을 한 모둠으로 만들고 4장의 신분 카드(거지, 평민, 귀족, 왕)를 준비한다.

| the lowly | the people | noble | king |

2 모둠 내에서 가위바위보를 해서 이긴 순서대로 신분 카드를 1장씩 가져 간다.

3 교실을 돌아다니며 눈이 마주치는 사람과 서로 "Are you happy?"라고 질문을 던진다.

4 질문이 끝나면 둘이 가위바위보를 한다. 이긴 사람은 "Yes, I am happy.", 진 사람은 "No, I am not. I am angry."라고 대답하며 서로 카드를 바꾼다.

5 정해진 시간이 끝나면 선생님은 네 가지 신분 중 하나를 제비뽑기를 통해 뽑은 후 해당 신분의 사람들에게 적절한 보상을 해준다.

활용 TIP!

- 〈놀이 방법 2〉에서는 제비뽑기로 보상이 정해지므로 어느 카드가 운이 좋을지 미리 알 수 없다. 높은 신분이 나왔다고 해서 놀이를 멈추지 않도록 독려한다.

- 〈놀이 방법 2〉는 흥미를 부여하기 위해 유럽 중세

노래로 배워요!
What's Your Name

시대의 신분을 적용한 것일 뿐 놀이 결과에 따라 학생들이 편견을 갖지 않도록 세심히 지도한다.

놀이의 무한 반복

"선생님, 다했어요. 이제 뭐 해요?"라는 질문, 많이 들어보셨죠? 전체가 참여하는 놀이가 아니라 짝 놀이, 일대일로 친구를 만나는 놀이의 경우는 개인마다 실력 및 속도에 차이가 있어서 놀이를 일찍 마치고 심심해 하는 아이들이 생기게 마련입니다. 이런 아이들이 소외되거나 무료함을 느끼지 않도록 놀이에 계속 참여시킬 수 있는 방법을 소개합니다.

▶ 짝 놀이에서 시간이 남을 때

〈지렁이 함락 작전〉, 〈Battleship〉, 〈오목〉과 같이 둘이서 하는 짝 놀이를 먼저 끝낸 아이들을 모아 세계여행을 떠나게 합니다. 영미권 나라인 호주, 영국, 미국을 거쳐 한국으로 되돌아오면 됩니다. 칠판에 나라별로 이름을 쓰고 그 아래에는 그곳에 오고가는 아이들의 이름을 썼다 지우면서 놀이를 진행합니다. 참여자들은 모두 호주에서 출발하여 놀이에서 이겨야 다른 나라로 이동할 수 있습니다.

첫 놀이는 원래 짝과 진행합니다. 그 후 놀이 결과에 따라 이긴 사람은 다음 나라로 가고 진 사람은 이전의 나라로 되돌아가게 되는데 호주에서 진 사람은 계속 호주에 머뭅니다. 이렇게 놀이를 반복하다가 한국에 되돌아온 사람은 '미션 성공자'가 되어 칠판에서 이름이 지워지지 않는 명예를 얻고, 호주에 남아 있는 친구들을 돕기 위해 친선경기를 펼칩니다. 미션 성공자는 호주에서 지더라도 이미 미션을 성공했기 때문에 한국에 쓰여진 본인 이름을 지울 필요는 없습니다.

이렇게 하면 마치는 시간까지 계속 놀이에 참여할 수 있습니다. 세계여행 형식 말고 간단하게 Level 0 ~ Level 3로 정하고 동일한 방식으로 놀이를 진행해도 좋습니다. 각 장소마다 다른 친구를 만나게 되어 놀이를 통해 여러 친구와 친해지는 기회를 가질 수 있습니다.

▶ 친구와 일대일로 만나는 놀이에서 시간이 남을 때

카드를 들고 교실을 돌아다니며 일대일로 친구들을 만나는 놀이에서 사용할 수 있는 방법입니다. PART3에 나오는 〈Four card〉, 〈폭탄 던지기〉, 〈말이 돼?〉를 예로 들어보면, 〈Four card〉는 4장의 똑같은 카드를 모을 경우, 〈폭탄 던지기〉는 손에 들고 있던 카드를 다른 사람들에게 다 넘겨서 0장이 될 경우, 〈말이 돼?〉는 문법에 이상이 없는 문장을 만드는 경우 각각 미션을 성공하게 됩니다. 미션을 성공한 사람은 개인별로 작은 상을 주고 놀이에 다시 참여하도록 합니다. 저의 경우에는 미션에 성공할 때마다 바둑알을 주고, 놀이를 마친 후 바둑알 3개마다 작은 보상(비타민, 사탕, 아몬드 등)을 줍니다. 반대로 가위바위보에 자꾸 져서 카드를 모두 잃었을 경우, 선생님께 오면 소외되지 않고 놀이에 참여할 수 있도록 다른 친구를 이길 때까지 새 카드를 무한정 제공해 줍니다.

이처럼 놀이에서 소외되는 사람 없이 모두가 지속적으로 참여할 수 있는 선생님만의 방법을 고안하셔서 아이들과 함께 즐거운 놀이 수업을 만들어보시기 바랍니다.

친구와 신나게 통통 튀며
몸으로 소통하는 영어 놀이

Part 3

의사소통에
자신감을 기르는 놀이

초등학교에서 배우는 영어는 일상에서 사용하는 기초적인 표현을 배우기 때문에 대화문이 단순합니다. 그래서 주요 문장 또는 질문 한 가지를 패턴 영어로 만들어 다양하게 활용할 수 있습니다. 예를 들면, 'Do you have ~?'를 패턴으로 해서 'a bag / a banana / a camera / gloves / a hat' 등 표현을 다양하게 바꿔가며 대화 패턴을 익힙니다. 이 파트에서는 놀이를 통해 패턴 영어의 표현을 반복함으로써 의사소통에 자신감을 갖게 합니다.

의사소통은 사람과 사람이 대면해서 해야 원활히 진행되기 때문에 이 파트의 〈Four card〉, 〈폭탄 던지기〉, 〈말이 돼?〉, 〈맞다 GO!〉, 〈인터뷰 빙고〉, 〈Post It Note〉 놀이는 모두 일대일로 친구를 만나 질문과 대답을 하는 인터뷰 형태로 진행됩니다. 부지런히 많은 사람을 만나야 미션을 완성할 수 있습니다.
다른 놀이와 달리 〈말이 돼?〉는 문법을 따지는 놀이로 대화문을 단어 단위로 쪼개서 카드를 만드는 데 시간이 걸리지만 해당 단원에서 배우는 문장뿐 아니라 다른 문장으로 응용도 가능해서 사고를 확산시키는 데 도움을 줍니다.
영어 놀이 이전에 교실 놀이로도 유명한 〈과일 샐러드〉, 〈이웃을 사랑하십니까?〉는 학급 전체가 참여하는 활동적인 놀이로 아이들에게 인기가 많습니다.

특히 〈이웃을 사랑하십니까?〉는 상대방의 표현을 듣고 다음 문장을 말하는 방식으로 한 사람과 세 마디의 대화를 이어가야 해서 놀이에 익숙해질수록 영어 대화에 대한 두려움이 줄어듭니다.

〈비교급 강자는 나야 나!〉는 동그란 딱지 따먹기를 차용한 놀이로 상대방의 양손에 감춰진 카드를 추측하여 질문의 답을 맞혀야 이길 수 있으므로 운이 필요합니다. 놀이를 통해 비교급과 감탄문을 재미있게 익힐 수 있습니다.

21 Four Card

▲▲·▲▲▲·▲▲▲·▲▲▲▲·

같은 카드 4장을 먼저 모으는 사람이 이기는 놀이입니다. 원하는 카드를 얻기 위해서는 그 카드에 적힌 영어 표현을 사용해 상대를 바꿔가며 계속 대화하고 찾아야 합니다. 반복되는 패턴으로 영어 대화에 대한 두려움이 사라지고 자신감 상승에 도움을 주는 활동입니다.

- **준비물** 카드(개인별 1벌씩, 1벌은 6장)
- **시간** 10~15분
- **인원** 학급 전체
- **적용** 원하는 것 표현하기, 물건 빌리기

활용 표현

- What do you want?
- I want a(n) carrot(corn / cucumber / mushroom / onion / tomato).
- I have one(I have it).
- I do not have it.

놀이 준비

1 모둠별로 각자 자신의 카드 1벌(6장)을 한 사람에게 전달해 하나로 모은다.

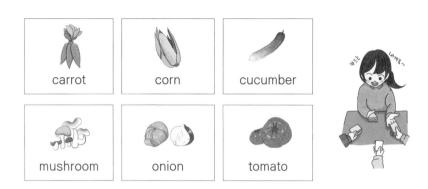

2 카드를 모은 사람은 카드를 잘 섞어서 다시 1인당 4장씩 나눠준다.

3 나눠주고 남은 카드는 선생님이 맡은 은행에서 보관한다.

놀이 방법

1 개별로 교실을 돌아다니다가 눈이 마주치는 친구와 일대일로 만나 "What do you want?"라고 묻는다.

2 서로 본인이 원하는 카드에 적힌 단어를 사용해 "I want (원하는 카드)."라고 대답하고, 상대방이 원하는 것을 가지고 있으면 "I have one(I have it.)."이라고 대답한다.

3 상대방이 원하는 카드를 가지고 있지 않으면 "I do not have it."이라고 대답한다. 그러면 상대방은 다른 것(예를 들어 "I want a corn.")이 있는지 물어본다.

4 서로 원하는 카드를 1장도 가지고 있지 않다면 "Bye!"라고 인사하고 헤어진다.

5 서로 원하는 카드를 가지고 있다면, 가위바위보를 해서 이긴 사람이 원하는 카드를 가져간다.

6 같은 카드 4장을 모으면 선생님께 드리고 테스트를 받는다. 선생님이 "What do you want?"로 질문하면, 카드를 모은 학생은 "I want (카드에 적힌 단어)."로 대답해서 친구와 정확히 대화를 주고받았음을 확인받는다.

7 확인이 끝나면 선생님은 작은 보상을 하고, 카드를 낸 학생은 남은 카드를 가지고 다시 카드를 모으러 가거나 남은 카드가 없으면 은행에서 4장의 카드를 받아 다시 놀이를 시작한다.

활용 TIP!

• 카드를 모두 잃은 사람은 선생님에게 와서 2장의 카드를 받는다. 만약 은행의 카드가 다 떨어졌다면 더 이상 받을 수 없다.
• 4장의 같은 그림 카드뿐만 아니라 각기 다른 카드 6장을 모아도 성공으로 인정한다.

활용 플러스

_ 물건 빌리기

Q : Can I borrow a(n) book(pencil / ball / watch / glue / eraser)?

A : Yes, you can.

22 폭탄 던지기

자신의 카드를 상대방에게 넘겨서 모두 없애는 놀이입니다. 카드가 많아져서 불리한 듯 보여도 한 방에 덜어낼 수 있는 '폭탄 던지기' 기능이 있어 놀이의 결과를 섣불리 예측할 수 없습니다. 여러 사람과 카드를 주고받으며 다양한 표현을 익힐 수 있는 활동입니다.

- **준비물** 카드(개인별 1벌씩, 1벌은 6장)
- **시간** 10~15분
- **인원** 학급 전체
- **적용** 좋아하는 과목, 동물, 과일, 색 등 묻고 답하기

활용 표현

- What is your favorite class?
- My favorite class is Physical Education(science / math / korean / english / music).
- Go ahead!
- No way!

놀이 준비

1   개인별로 카드 1벌(6장)을 준비한다.

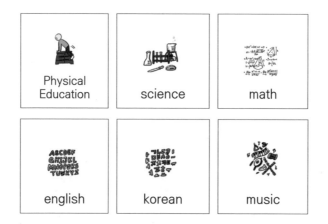

2   선생님은 다른 학급에서 사용한 카드를 미리 걷어서 여분의 카드로 활용
    한다.

놀이 방법

1   교실을 돌아다니며 친구와 일대일로 만나서 가위바위보를 한다.
2   진 사람이 먼저 "What is your favorite class?"라고 질문을 하고, 이긴 사
    람은 "My favorite class is (과목명)."이라고 대답한다.

3   이때, 상대방도 가지고 있을 것 같은 카드에 적힌 과목명을 말한다.

4   예를 들어, 이긴 사람이 "My favorite class is Music."이라고 말했는데
    진 사람이 'Music' 카드를 가지고 있다면 진 사람은 "Go ahead!"라고 대
    답한다. 이긴 사람은 자신의 'Music' 카드를 상대방에게 주는데, 같은 카
    드가 여러 장 있다면 한꺼번에 줄 수 있다. 이 방법을 '폭탄 던지기'라고
    한다.

5   반대로 이긴 사람이 말한 과목 카드를 진 사람이 가지고 있지 않다면 진
    사람은 "No way!"라고 대답하고 자신의 카드에서 이긴 사람에게 주고 싶
    은 카드를 1장 골라서 넘겨준다. 진 사람도 같은 카드가 여러 장 있다면
    폭탄 던지기를 할 수 있다.

6   한 사람과의 거래가 끝나면 다른 사람을 찾아가 1~5의 과정을 반복한다.
손에 들고 있는 카드를 모두 없애면 선생님에게 가서 보상을 받는다.

활용 TIP!

- 놀이 초반에는 누구나 카드를 1장씩 가지고 있기 때문에 가위바위보에서
  이기는 것이 카드를 없애는 데 유리하다는 것을 안
  내한다.
- 카드 없애기를 성공한 사람에게 적절한 보상을 해
  주고, 선생님이 가지고 있는 여분의 카드를 나눠준
  뒤 다시 놀이에 참여하도록 한다.

활용 플러스

_ 과일

Q : What fruit do you like?

A : I like apples(bananas / oranges / watermelons / lemons / strawberries).

_ 취미

Q : What are you interested in?

A : I am interested in soccer(baseball / basketball / computer games / cooking / making food).

23 말이 돼?

▲▲◦ ▲▲▲◦ ▲▲▲◦ ▲▲▲◦

단어가 적힌 종이를 모아서 문장을 완성하는 놀이로 여러 사람을 만나며 단어
를 얻고, 순서를 조합해 문장을 만드는 재미를 느낄 수 있습니다. 놀이를 통해
문장의 구조에 관심을 갖게 되고, 제시된 문장 외에도 새로운 문장을 만들어
내는 창의성을 키우는 데 도움을 주는 활동입니다.

- **준비물** 단어 카드
- **시간** 10~20분
- **인원** 학급 전체
- **적용** 모든 단원의 영작

활용 표현

- What is she(he) wearing?
- She(he / they) is(are) wearing red boots(a blue shirt / a jean / a white hat / the same uniforms / a pink dress).
- SpongeBob went to the bookstore.
- That is Batman.
- Koreans eat with chopsticks.
- Are you sure?
- Who are they?
- They are middle school students.

- He looks nice.
- Is she wearing a pink skirt?

놀이 준비

1 〈활용 표현〉의 문장들을 단어로 구분해 놓은 단어 카드를 3부 출력한 후 잘라놓는다.

what	hat	is	she	with
wearing	dress	red	boots	is
blue	shirt	jean	SpongeBob	to
that	Batman	Koreans	eat	chopstick
skirt	sure	they	went	same
uniforms	who	are	student	middle school
bookstore	white	he	looks	you
pink	nice			

2　관사나 마침표, 물음표 등 문장 부호는 다양한 문장이 만들어질 수 있도록 제외한다.

3　빈 종이는 조커로 어떤 단어든 대신할 수 있다.

놀이 방법

1　한 사람당 단어 카드를 2장씩 나눠주고 남은 카드는 선생님이 보관한다.

2　교실을 돌아다니며 친구와 일대일로 만나서 가위바위보를 한다. 진 사람은 자신의 카드를 보여주고 이긴 사람은 1장을 골라간다.

3　가위바위보에 계속 져서 카드를 다 잃었을 경우 선생님에게 단어 카드를 추가로 지급받는다.

4　한 문장을 완성했으면 선생님께 와서 카드를 보여 주고 문장을 리딩한 후 보상을 받는다.

5 선생님은 완성된 카드는 한쪽에 모아 두고, 새로운 단어 카드 2장을 준다.

6 교실을 돌아다니며 친구와 일대일로 만나서 놀이를 계속한다.

활용 TIP!

• 각 단원에 나오는 대화를 정리해 단어 카드를 만들 수 있다.

• 선생님이 가지고 있는 카드가 다 떨어지면 학생들이 현재 가지고 있는 카드만을 사용하도록 한다.

• 일대일로 카드를 교환하거나 다른 사람에게 선물하는 규칙을 추가할 수 있다.

• 필요에 따라 조커를 몇 장 더 추가할 수 있다.

• 놀이에 익숙해지면 문장을 완성하고 자신과 대화가 통하는 사람을 찾도록 놀이를 확장할 수도 있다. 예를 들어 "What is she wearing?"을 완성한 사람은 "She is wearing a pink dress."를 완성한 사람을 만나야 한다. 대화가 이어지는 사람을 찾으면 선생님께 와서 카드를 확인받고 서로 대화를 나눈 후 보상을 받는다.

24 맞다 GO!

▲▲·▲▲▲·▲▲▲·▲▲▲·

자신과 똑같은 카드를 가진 사람을 대화를 통해 찾아가는 놀이로 단순한 수세기 공부를 넘어 자연스럽게 문장을 외우는 데 도움이 되는 활동입니다. 거듭된 질문과 대답을 통해 영어로 하는 대화에 자신감이 생깁니다.

- **준비물** 과일 카드
- **시간** 10~15분
- **인원** 학급 전체
- **적용** 묻고 답하기(수 세기, 과일 등)

활용 표현

- What do you have?
- apple(kiwi / watermelon / strawberry) - 단수
- apples(kiwis / watermelons / strawberries) - 복수
- How many (과일 복수 표현)?
- One / Two / Three / Four / Five / Six / Seven / Eight / Nine / Ten

놀이 준비

1 과일 카드를 준비한다. 과일 카드는 같은 과일이 같은 개수만큼 그려진 똑
같은 카드 2장이 한 쌍으로 구성되어 있으며, 아래 그림과 같이 과일의 개
수가 같은 카드는 총 4장이다.

2 과일 카드는 필요한 만큼만 준비한다. 예를 들어, 학급 전체가 28명이라면
과일 숫자마다 4장씩 숫자 7까지 준비하면 딱 맞지만, 짝을 못 찾고 헤매
는 사람도 만들기 위해 숫자 9까지 8장을 추가로 더 넣어서 준비한다.

놀이 방법

1 잘 섞은 카드를 1장씩 나눠준다. 받은 카드는 본인만 몰래 확인한 뒤 주머
니에 넣도록 한다.

2 교실을 돌아다니며 친구를 만나 가위바위보를 하고 이긴 사람이 "What do you have?"라고 질문하면 진 사람은 자신이 가진 과일의 이름을 대답한다.

3 1차 확인에서 내가 가진 카드와 동일한 과일을 대답하는 친구에게는 2차 확인으로 "How many (과일 복수 표현)?"의 질문을 던진다. 서로 다른 과일이면 "Bye!" 하고 헤어진다.

4 만약 상대방이 내 카드와 똑같은 카드를 가지고 있을 경우에는 선생님께 가서 확인받고 둘 다 새 카드를 받아간다.

활용 TIP!

- 자신의 카드를 그냥 보여주거나 상대방의 카드를 몰래 엿보지 않도록 주의를 준다.
- 같은 카드를 찾기 어려워하는 학생이 있다면 새 카드로 바꿔준다.
- 모둠 대항으로 진행해서 똑같은 카드를 찾은 사람의 모둠에 포인트를 부여하는 것도 좋다.
- 영어 표현을 제대로 쓰며 놀이했는지 확인하기 위해 선생님 앞에서 〈활용 표현〉을 다시 재연하도록 한다.

25 과일 샐러드

빈자리를 차지하기 위한 긴장감과 박진감이 넘치는 활동적인 놀이로 과일, 색깔, 음식 등 하나의 공통된 항목에서 다양하게 나눠지는 단어들을 익히는 데 도움이 되는 활동입니다. 술래의 말을 잘 듣고 움직여야 하기 때문에 리스닝 훈련에 좋습니다.

> • **준비물** 의자(참여 인원보다 1개 적게), 철자 카드(또는 알파벳 타일)
> • **시간** 10~15분
> • **인원** 학급 전체
> • **적용** 묻고 답하기(좋아하는 과일, 색깔, 음식, 생일, 직업 등)

활용 표현

- What fruit do you like?
- I (do not) like lemons(apples / oranges / watermelons / kiwis / strawberries / fruit salad).
- What do you want?
- I want noodles(rice / soup / steak / curry / salad).

놀이 준비

1 인원수보다 1개 적은 의자를 준비한다. 술래를 가운데 세워 두고, 술래를
  제외한 나머지는 의자를 원 대형으로 만들어 앉는다.

2 선생님은 의자에 앉아 있는 학생 1명을 기준으로 정하고 'lemons'부
  터 'strawberries'까지 순서대로 돌아가며 참여자들의 과일 이름을 정해
  준다. 2명 이상이 같은 과일로 호명될 수 있도록 참여자 수에 따라 과일의
  개수를 조절한다.

놀이 방법 1

1 술래가 "One, Two, Three!"라고 외치면 의자에 앉은 사람들은 술래에게
  "What fruit do you like?"라고 질문한다.

2 술래는 좋아하는 과일의 이름을 넣어 "I like (과일 이름)."이라고 말한다.

3 참여자들은 자신의 과일 이름이 나오면 자리에서 일어나 다른 빈자리로 이동해서 앉는다. 활동성을 높이기 위해 자신이 앉았던 바로 옆자리에는 앉을 수 없도록 한다.

4 모두 자리를 찾아 혼란한 틈에 술래도 얼른 빈자리를 찾아서 앉고, 마지막까지 자리에 앉지 못한 사람이 다음 술래가 된다.

5 술래가 "Fruit salad!"라고 말하면 모두가 일어나 자리를 바꾼다.

놀이 방법 2

1 noodles, rice, soup, steak, curry의 철자 카드(또는 알파벳 타일)를 1장씩 준비한다. 각 단어의 알파벳을 전부 합치면 26글자인데 겹치는 r과 o를 하나씩 빼면 24개가 된다. 술래를 제외한 모두가 받는 철자 카드가 겹치지 않도록 인원수에 따라 음식 개수를 조절하고 철자 카드를 1장씩 나눠 준다.

2 학생들은 제시된 단어의 철자를 외운다.

3 술래를 제외한 참여자들은 자리를 원형으로 만들어 앉는다.

4 술래는 원 가운데 서서 참여자 한 명을 지목한 후 "What do you want?"라고 묻는다.

5 지목받은 학생이 "I want (noodles, rice, soup, steak, curry 중 1개)."라고 대답하면 그 음식의 철자 카드를 가진 사람들끼리 자리를 바꾼다. 만약 "I want steak."라고 대답했다면 's', 't', 'e', 'a', 'k' 카드를 가진 학생들끼리만 자리를 바꾼다.

6 술래가 "Salad!"를 외치면 모든 사람이 자리를 바꾼다.

활용 TIP!

- 일부러 술래가 되려고 하는 것을 방지하기 위해 같은 사람이 세 번 술래가 되면 원 밖에 나와 있다가 술래가 세 번째 바뀔 때 다시 들어가도록 한다.
- 처음부터 salad를 넣으면 모두 salad만 외치므로 중간부터 추가하는 게 좋다.
- salad의 남발을 막기 위해 한 번 사용했으면 두 번은 건너뛰고 세 번째 술래부터 사용할 수 있다는 제한을 둔다.
- 원으로 대형을 만드는 번거로움 없이 분단별이나 모둠별 자리를 그대로 유지한 채 술래 의자만 하나 빼고 놀이를 진행할 수도 있다.
- 놀이에 익숙해지면 술래가 "I like (과일 이름)."과 "I do not like (과일 이름)."을 둘 다 이야기할 때까지 기다렸다가 2가지 과일에 해당하는 사람들이 자리를 이동하는 규칙을 추가해도 좋다.

노래로 배워요!
I Like Apples! Yummy, Yummy, Yummy!

참고 영상
Furit Salad

활용 플러스

_ 색깔

Q : What is your favorite color?

A : I like blue(yellow / green / purple / red / white).

_ 음식

Q : What do you like?

A : I like a spaghetti(hamburger / pizza / noodle / chicken / french fries).

_ 생일

Q : When is your birthday?

A : It is (생일 달).

26 이웃을 사랑하십니까?

▲▲▲ ▲▲▲ ▲▲▲ ▲▲▲

〈과일 샐러드〉 놀이의 확장판으로 이 놀이를 통해 친구들과 영어로 더 많은 대화를 주고받을 수 있도록 구성했습니다. 반 친구들 전체가 참여하여 평상시에 교류가 없었던 친구와도 대화를 나누며 즐겁게 영어를 익힐 수 있는 활동입니다.

- **준비물** 의자(참여 인원보다 1개 적게)
- **시간** 15~20분
- **인원** 학급 전체
- **적용** 묻고 답하기(좋아하는 과일, 색깔, 음식, 생일, 직업 등)

활용 표현

- Who is calling, please?
- Hello, This is (본인 이름).
- May I speak to (상대방 이름)?
- Speaking.
- He(She) is not here.
- Where is he(she)?
- Over there, (가리킨 사람 이름).
- Please, everybody move!

놀이 준비

술래를 뺀 나머지 참여자들은 의자로 원을 만들어 앉고 술래는 그 가운데 선다.

놀이 방법

1　술래는 시작 신호로 "One, Two, Three!"를 외친다.

2　앉아 있는 사람들은 큰 소리로 술래를 향해 "Who is calling, please?"라고 말한다.

3　술래는 앉아 있는 사람 가운데 한 명에게 다가간다. 남자 술래는 여자에게, 여자 술래는 남자에게 가도록 한다.

4　술래는 지목한 상대방에게 "Hello, This is (본인 이름). May I speak to (상대방 이름)?"이라고 질문한다.

5 상대방은 자기의 이름이 맞다고 솔직하게 "Speaking."이라고 대답해도 되고, 거짓말로 "He(She) is not here."라고 대답할 수도 있다.

6 상대방이 "Speaking."이라고 대답하면 양옆에 있는 사람끼리 자리를 바꾼다. 그 틈을 타 술래도 빈자리에 앉아야 한다. 의자에 앉지 못한 사람이 다음 술래가 된다.

7 만약 상대방이 "He(She) is not here."라고 대답하면, 상대방 양옆에 있는 사람은 일어서고 술래는 상대방에게 "Where is he(she)?"라고 한 번 더 묻는다. 상대방은 앉아 있는 다른 사람을 손가락으로 가리키며 "Over there, (가리킨 사람 이름)."라고 대답한다.

8 상대방이 가리킨 사람의 양옆에 앉아 있던 사람들도 일어나고, 술래를 포함해 서 있는 사람들은 모두 본인이 앉았던 자리 말고 다른 자리로 달려가 빈자리를 차지해야 한다. 의자에 앉지 못한 사람이 다음 술래가 된다.

활용 TIP!

- 일부러 술래가 되는 것을 방지하기 위해 똑같은 사람이 세 번 술래가 되면, 원 밖으로 나가서 술래가 세 번째 바뀔 때 들어올 수 있다는 제약을 둔다.

- 술래가 원 가운데서 "One, Two, Three!"를 크게 외치면 앉아 있는 사람들은 술래를 향해 "Who is calling, please?"라고 질문한다. 만약 술래가 "Please, (yellow 또는 glasses) move!"라고 답하면 앉은 사람 중 옷에 노란색이 있는 사람, 또는 안경 쓴 사람은 모두 일어나 자리를 옮겨야 한다.

- 세 번째 술래(또는 이후 여섯 번째, 아홉 번째 등 3의 배수 때 술래가 될 경우)에게는 특별한 아이템을 쓸 수 있게 해준다. 술래가 원 가운데 서서 큰 소리로 "Please, everybody move!"를 외치면 모두가 자리를 바꾼다.

활용 플러스

What is your favorite color?

Do you like (색깔)?

Yes, I do. / No, I do not.

Who likes yellow?

Over there, (가리킨 사람 이름).

27 인터뷰 빙고

▲▲ ▲▲▲ ▲▲▲ ▲▲▲

빙고판 16개의 칸에 행동과 관련된 다양한 표현을 적은 후 교실을 돌아다니며 친구들을 인터뷰하는 활동입니다. 인터뷰를 통해 우리 반 친구들의 특기가 무엇인지 서로 확인하며 더욱 친해질 수 있습니다.

- **준비물** 빙고판
- **시간** 10~15분
- **인원** 학급 전체
- **적용** 친구의 특기, 흥미, 좋아하는 것 등 인터뷰 활동

활용 표현

- Can you sing(ride a bike / dance / play football / swim / draw / jump / hop / play guitar / skip / play badminton / skate / play baseball / read a book / write the alphabet / do Taekwondo)?
- Yes, I can.
- No, I can not.

놀이 준비

1 〈활용 표현〉의 문장을 익히고, 빙고판을 준비한다.

2 빙고판에 행동과 관련된 16가지 표현을 하나씩 채운다.

놀이 방법

1 교실을 돌아다니며 일대일로 친구를 만나 가위바위보를 한다.

2 이긴 사람이 공격권을 가지고 가로, 세로, 대각선 중 본인이 한 줄로 연결
하기 좋은 칸에 있는 표현을 문장으로 만들어 질문한다. 예를 들어 'skip'
이라는 표현을 공략하고 싶은 경우, "Can you skip?"이라고 질문한다. 여
기서 "할 수 있니?"라는 표현은 "잘할 수 있니?"라는 의미로 받아들이도
록 안내한다.

3 대답하는 사람은 본인이 줄넘기를 잘한다고 생각하면 "Yes, I can.", 그렇
지 않으면 "No I can not."이라고 대답한다.

4 질문과 대답이 끝나면 둘 다 'skip' 칸에 ○ 표시를 하고 헤어진다. 또 다른 사람을 만나 **1~4**의 방법을 반복하며 놀이를 진행한다.

5 가로, 세로, 대각선 중 어디든지 세 줄이 연결되면 빙고가 완성된다. 빙고를 맞힌 사람은 "Three bingo!"를 외치고 자리에 앉는다

활용 TIP!

- 가위바위보에 이긴 상대방이 이미 내 보드게임판에 ○ 표시된 칸에 있는 표현으로 질문하더라도 진 사람은 선택권이 없으므로 어쩔 수 없다는 것을 미리 안내한다.
- 빙고를 먼저 완성한 순서대로 칠판에 등수와 이름을 쓴다. 학생들은 별다른 보상 없이 칠판에 이름이 적힌 것만으로도 재미있어 한다.
- 말없이 몸짓으로만 표현하게 하는 것도 좋다. 예를 들어 'hop' 칸 빙고가 필요하다면, 깡충깡충 뛰며 교실을 돌아다니고 같은 몸짓을 하는 친구를 만나 가위바위보를 하면 승패와 상관없이 'hop' 칸에 ○ 표시를 할 수 있다.

활용 플러스

_ 흥미

Q : Are you interested in ~ ?

A : Yes, I am. / No, I am not.

_ 좋아하는 것

Q : Do you like ~ ?

A : Yes, I do. / No, I do not.

28 Post It Note

▲▲ ▲▲▲ ▲▲▲ ▲▲▲

내 이마에 붙어 있는 포스트잇에 적힌 단어는 붙인 사람만 알 수 있습니다. 어떤 단어가 적혀 있을지 추측한 후 붙인 사람에게 영어로 질문을 해서 알아내는 놀이입니다. 많은 어휘를 사용할 수 있어 단원 복습 시간에 활용하면 좋습니다.

- **준비물** 포스트잇(개인별 3장씩), 연필(개인별 1개씩)
- **시간** 10~15분
- **인원** 학급 전체
- **적용** 사물, 좋아하는 과목, 취미 등을 추측하여 맞추기

활용 표현

- What is this ⓐ school supply / ⓑ fruit / ⓒ animal?
- ⓐ Is it a(n) pencil(eraser / glue / pencil case / notebook / crayon)?
- ⓑ Is it a(n) apple(banana / orange / kiwi / strawberry / watermelon)?
- ⓒ Is it a(n) monkey(kangaroo / lion / tiger / bear / rabbit)?
- Yes, it is.
- No, it is not.

놀이 준비

1 반 전체 학생들에게 포스트잇을 3장씩 나눠준다.

2 〈활용 표현〉의 학용품, 과일, 동물 중 1개씩 골라서 포스트잇에 쓰도록 하고 다른 사람이 보지 못하게 한다.

놀이 방법

1 연필과 포스트잇을 가지고 교실을 돌아다니다 일대일로 친구를 만난다.

2 미리 적어놓은 포스트잇 1장을 내용이 보이지 않게 조심하며 서로의 이마에 동시에 붙인다.

3 가위바위보를 해서 진 사람이 먼저 질문을 한다. 이때 질문은 상대방의 이

마에 붙여진 단어에 대한 힌트가 될 수 있도록 한다. 예를 들어, 상대방 이마에 적힌 단어가 과일이라면 "What is this fruit?"이라고 질문한다.

4 이긴 사람은 맞힐 수 있는 기회를 두 번 가진다. 정답이 'apple'이라고 생각한다면 "Is it an apple?"이라고 질문하는데, 첫 번째 질문에서 정답을 맞히면 2포인트, 두 번째 질문에서 맞히면 1포인트를 얻는다.

5 정답을 맞히면 붙인 사람은 "Yes, it is."라고 대답한다. 정답을 맞힌 사람은 본인의 이마에 있는 포스트잇을 떼고 자신의 점수를 기입한 후 가져간다. 두 번의 기회 동안 맞히지 못하면 붙인 사람은 "No, it is not."이라고 대답하고 자신이 작성한 포스트잇을 떼어 다시 가져간다.

성공!

가져간다~

실패..

6 역할을 바꿔서 처음 가위바위보에서 이겼던 사람이 질문하고 **3~5**를 반복한다.

7 같은 방식으로 다른 사람들과도 놀이를 진행하고 정해진 시간이 지나면 포스트잇에 쓰인 포인트 점수를 더해서 비교해 본다.

활용 TIP!

• 상대방이 맞히지 못해 회수한 포스트잇은 다른 사람에게 다시 사용할 수 있다.

• 상대방이 다 맞혀서 놀이를 진행할 포스트잇이 없어진 사람은 선생님에게 와서 포스트잇 3장을 다시 받아간다.

• 칠판에 모둠 공간을 만들어주고 포인트를 획득한 포스트잇을 붙이게 하여 모둠 대항으로 놀이를 진행할 수도 있다.

노래로 배워요!
What's This

참고 영상
Post-It Note

- 짝과 자리에 앉아서 포스트잇 장수의 제한 없이 연속해서 놀이를 진행할 수도 있다.

활용 플러스

_ 출신

Q : Where are you from?

_ 과목

Q : What is your favorite class?

_ 흥미

Q : What are you interested in?

29 비교급 강자는 나야 나!

▲▲▲ ▲▲▲ ▲▲▲ ▲▲▲

비교급 표현 익히기를 딱지 따먹기 놀이에 적용한 놀이로 비교급 표현을 익히는 것은 물론, 좋은 것을 보고 감탄문을 말하는 표현까지 배우는 활동입니다. 짝 활동으로 하다가 익숙해지면 모둠 대항으로 진행할 수 있습니다.

- **준비물** 카드(2인당 1벌씩, 1벌은 24장)
- **시간** 5~10분
- **인원** 2인, 모둠별 4명씩
- **적용** 비교급, 감탄문

활용 표현

- Who is taller(stronger / bigger / smarter / faster / older)?
- Here!
- A (동물 이름) is taller(stronger / bigger / smarter / faster / older) than a (동물 이름).
- How tall(strong / big / smart / fast / old) the (동물 이름) is!

놀이 준비

1   카드는 2명당 1세트로 준비하고 개인당 12장씩 나눈다.
2   카드에는 해당 동물의 이름과 능력치가 각각 기재되어 있다. 각 능력치를

비교하여 상대적으로 우위에 있는 카드를 골라야 한다.

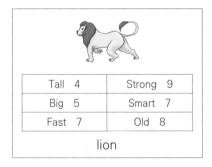

Tall	4	Strong	9
Big	5	Smart	7
Fast	7	Old	8

lion

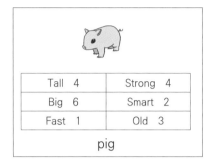

Tall	4	Strong	4
Big	6	Smart	2
Fast	1	Old	3

pig

놀이 방법 1

1 가위바위보를 해서 이긴 사람을 공격, 진 사람을 수비로 정한다.

2 수비는 자신의 카드를 잘 섞은 후 두 묶음으로 나눠 양손에 쥐고 〈활용 표현〉에 있는 질문을 한다. 예를 들어, "Who is stronger?"라고 묻는다.

3 공격은 카드를 최대 6장까지 배팅할 수 있다. 카드를 원하는 만큼 한 손에 쥐고 수비의 왼손이든 오른손이든 이길 것 같은 곳을 살짝 치며 "Here!"라고 말한다.

4 수비는 양손의 카드 내용을 보여주며 〈활용 표현〉의 대답을 한다. 예를 들어 왼손에는 'lion' 카드, 오른손에는 'pig' 카드를 쥐고 있다면 "A lion is stronger than a pig."라고 대답한다.

5 공격이 'lion' 카드가 있는 쪽을 맞혔다면 수비는 공격이 배팅한 카드의 개수만큼 자신의 카드를 준다. 반대의 경우 공격이 배팅한 카드를 넘겨 받는다.

6 카드를 얻었든 잃었든 공격은 선정된 동물에 맞게 "How strong the lion is!"라고 〈활용 표현〉의 문장을 완성해 답을 해준다.

7 만약 두 카드의 level이 같다면 2를 다시 반복하고, 카드를 얻은 쪽에서 수비 역할을 맡는다. 상대편의 카드를 다 잃게 만들면 승리한다.

놀이 방법 2

1 4명이 한 모둠이 되어 카드는 2인 1세트로 개인당 12장씩 나눈다.

2 놀이 시간은 5분으로 제한하며 놀이 방법은 〈놀이 방법 1〉과 같다. 시작하면 교실을 돌아다니며 다른 모둠 친구와 겨루면 된다.

3 카드를 다 잃은 사람은 모둠으로 돌아와 자리에 앉는다.

4 제한 시간이 끝나면 모두 모둠으로 돌아와 카드를 합친 다음 다시 똑같이

나눈다. 한 번 더 활동하고 카드가 많은 모둠순으로 순위를 정한다.

활용 TIP!

수업 Tip 카드 만들기

아이들과 놀이를 하다가 교과서 부록 카드로는 부족함을 느낄 때 적용할 놀이에 맞는 카드를 만들게 됩니다. 카드는 한 번 제작한 틀이 있으면 그 뒤에는 들어가는 내용만 바꿔서 수월하게 만들 수 있습니다. 일반 A4 종이는 80g으로 무척 얇기 때문에 아이들이 계속 손에 쥐고 다니기에는 내구성이 떨어집니다. 쉽게 구겨지지 않아 오래 사용할 수 있는 단단한 카드를 만드는 방법을 소개합니다.

▶ 머메이드지

카드 만들기에는 두툼해서 뒷면의 내용이 비치지 않고 쉽게 구겨지지 않는 머메이드지가 적격입니다. 물론 머메이드지 자체가 다른 종이에 비해 고급지이고 종이가 두껍기 때문에 가격은 다소 비싼 편입니다(A4 크기 160g 10매가 약 1,200원, 180g 10매가 약 1,500원). 양면으로 사용할 경우 180g, 단면으로 사용할 경우 160g을 추천합니다. 백상아색 또는 아이보리색과 같은 연한 색이 카드 만들기에 좋습니다. 단면의 경우는 바깥쪽이 색깔 있는 쪽이고 내용을 인쇄하는 쪽은 흰색이므로 취향에 따라 좋아하는 색을 선택하셔도 됩니다. 또 머메이드지 사용을 고려할 때는 프린터가 두꺼운 종이를 인쇄할 수 있는지를 확인해야 합니다. 180g보다는 160g이, 레이저 프린터보다는 잉크젯 프린터가 인쇄하기에 더 좋습니다.

▶ 스노우지

일반 A4 종이로 인쇄한 카드 뒤에 스노우지를 덧붙이면 두께가 보강되어 내구성이 생깁니다. 스노우지는 150g, 180g, 200g, 250g 등 두께가 다양하기 때문에 한 단원에 한정되지 않고 계속 반복되는 표현들이라면 250g, 단원에 한정되어 각 반에 1번씩만 쓰겠다 싶으면 150g 등 용도에 맞춰 사용하는 것을 추천합니다. 색깔은 흰색이라 예쁘지는 않지만 상대적으로 저렴해서(A4 크기 150g 250매가 약 8,000원, 250g 250매가 약 18,000원) 카드를 많이 만들어야 할 경우에 사용하기 좋습니다. 150g은 다소 얇은 감이 있으므로 영어실 예산에 따라 실용성을 따져서 활용하시기 바랍니다.

▶ 컬러 프린터

영어 수업에는 단어와 이미지를 연결시키기 위한 시각적인 보조 자료가 많이 필요합니다. 카드를 만들 때도 단어뿐 아니라 이미지가 들어가야 할 때가 있습니다. 또 흑백 학습지보다는 컬러가 들어가야 내용이 더 잘 표현되고 아이들의 이해가 빠르기에 자료 출력이 잦은 영어실에는 컬러 프린터 설치를 권장합니다.

친구와 신나게 통통 튀며
몸으로 소통하는 영어 놀이

Part 4

자꾸 말하게 되는 놀이

이 파트에서는 기존의 보드게임, 전통적인 카드 놀이는 물론 기존의 놀이에 아이디어를 얻어 변형한 것과 새로 만든 놀이 등 누구나 쉽고 재미있게 즐길 수 있는 다양한 보드게임을 소개합니다. 카드를 사용하거나 말을 옮길 때마다 영어 표현을 반복하며 자꾸 말하게 되어 놀이를 통해 자연스럽게 영어 실력을 키울 수 있습니다.

〈Hooray!〉는 우리말의 '만세!'처럼 신날 때 외치는 소리로 이 놀이에서는 바닥에 놓인 카드가 일치할 때 외치는 말로 사용됩니다. 카드가 쉽게 일치하지 않기 때문에 카드를 내려놓으며 계속 그 단어를 읽어야 해서 단어 익히기에 도움이 됩니다.

〈추적자〉는 카드 수만큼이나 다양한 표현을 배우게 되어 학습량이 많지만 기억력이 필요한 놀이라서 학생들이 의욕적으로 참여합니다. 실수의 반복을 통해 기억력이 강화되므로 많은 양의 어휘도 어렵지 않게 익힐 수 있습니다.

〈도둑잡기〉는 〈폭탄 던지기〉와 같이 손에 쥔 카드를 빨리 전부 털어내야 하는 놀이로 상대방과 묻고 답하기를 반복하며 말하기 능력을 기를 수 있습니다.

〈샌드위치〉는 적용된 영어 표현이 수준이 높고 번득이는 센스가 필요한 놀이로 고학년에게 추천합니다. 카드가 일치하는지 눈여겨보는 〈Hooray!〉와 달리 이 놀이는 똑같은 2장의 카드 사이에 다른 카드가 끼이는 순간을 포착하는 센스가 필요합니다. 카드를 내려놓으며 문장으로 빠르게 말해야 하고 사용되는 어휘가 다소 어렵지만 표현의 반복을 통해 실력이 쌓이게 됩니다.

30 Hooray!

▲▲▲ ▲▲▲ ▲▲▲ ▲▲▲

같은 카드 3장이 나오면 재빨리 필통을 치고 바닥에 펼쳐진 카드를 모두 가져가는 놀이로 순발력을 기를 수 있습니다. 카드에 나와 있는 단어에 집중하게 되어 단어 익히기에 좋은 활동입니다. 이 놀이는 아이들이 좋아하는 보드게임인 '할리갈리'를 응용하여 만들었습니다.

- **준비물** 카드(개인별 1벌씩, 1벌은 8장), 필통(1개)
- **시간** 5~10분
- **인원** 모둠별 4명씩
- **적용** 모든 단원 단어 익히기, 문장 리딩, 과거형 시제 알기

활용 표현

- What did you do last weekend?
- I did my homework(went to the library / made cookies / saw monsters / made a snowman / took a picture / went to the zoo).

놀이 준비

1   모둠 내에서 가위바위보를 해서 시계 방향으로 이긴 순서대로 둘러앉는다.

2 책상 가운데에는 필통 1개를 놓는다.

3 가위바위보에서 1등을 한 모둠원은 다른 모둠원들에게 카드를 8장씩 받아서 잘 섞은 다음 다시 8장씩 나눠준다.

놀이 방법

1 시작 신호로 다 같이 "What did you do last weekend?"라고 외친다.

2 순서대로 자신의 카드 더미 맨 위에 있는 카드를 자기 앞에 내용이 보이게 내려놓으며 그림에 맞는 단어를 말한다.

3 펼쳐진 카드 중 3장의 그림이 같으면 가운데 있는 필통을 재빨리 치며 "Hooray!"라고 외친다. 먼저 친 사람이 바닥에 펼쳐진 카드 모두를 가져 간다. 이때 카드를 얻은 사람은 자신의 카드를 다시 한 번 잘 섞는다.

4 한 바퀴를 돌아도 똑같은 카드 3장이 나오지 않을 때는 이미 깔린 카드 위에 겹쳐서 1장씩 더 내려놓는다.

5 바닥에 똑같은 그림이 3장 모이지 않더라도 'Hooray' 카드가 나오면 필통을 친다. 먼저 친 사람은 바닥에 있는 카드를 모두 가져갈 수 있다.

6   더 이상 내려놓을 카드가 없는 사람은 자기가 바닥에 내려놓은 카드를 들고 참여한다. 그마저도 없을 경우에는 꼴찌가 된다. 아웃되는 사람이 생길 때마다 첫 질문을 다시 하고 대답을 하게 하는데 이때 대답은 마지막으로 바닥에 놓여 있던 카드 내용으로 한다. 예를 들어, 'zoo' 카드가 마지막 카드였다면 "I went to the zoo."라고 대답한다.

7   남은 사람이 3명일 때는 같은 그림 2장이 나오면 재빨리 필통을 치고 바닥에 깔린 카드를 가져간다.

8   남은 사람이 2명일 때는 가지고 있는 카드가 더 많은 사람순으로 순위를 정한다.

활용 TIP!

- 다음 턴에 뒤집어야 할 카드를 미리 보는 일이 없도록 주의한다.
- 놀이에 익숙해지면 단어 읽기에서 문장 읽기로 수준을 높여 진행한다.
- 교과서 카드 활용 시에는 'Hooray' 카드 없이 하거나, 카드 4장에 그림과 상관없이 'Hooray'라고 적은 후 섞어서 사용한다.

노래로 배워요!
Past Simple Song-The Town

참고 영상
할리갈리

31 추적자

▲▲◤ ▲▲◤ ◦ ◤▲▲ ◦ ◤▲▲◤

똑같은 카드를 찾아 다른 참여자들을 앞지르면 이기는 놀이로 기억력이 좋을수록 놀이에 유리하지만 중간중간 아이템 카드가 숨어 있어 놀이의 결과를 선불리 예측할 수 없습니다. 같은 카드를 찾는 과정 중에 영어 표현을 반복하며 자연스럽게 익히게 됩니다. 이 놀이는 쫓고 쫓기는 스릴 만점 보드게임 '치킨 차차차'를 응용하여 만들었습니다.

> - **준비물** 그림 카드(3벌씩, 총 27장), 아이템 카드(2벌씩, 총 6장), 말(4개)
> - **시간** 10~15분
> - **인원** 모둠별 4명씩
> - **적용** 현재 진행형, 모든 단원의 단어 및 문장 리딩과 스피킹

활용 표현

- What are you doing?
- We are singing(making cookies / playing badminton / playing soccer / reading a book / playing baseball / making a snowman / making a robot / dancing).

놀이 준비

1 카드 2벌과 아이템 카드(STOP, JUMP, +ONE) 2벌, 총 24장을 잘 섞은 후 바닥에 원 모양으로 둘러서 그림이 보이지 않게 뒤집어놓는다.

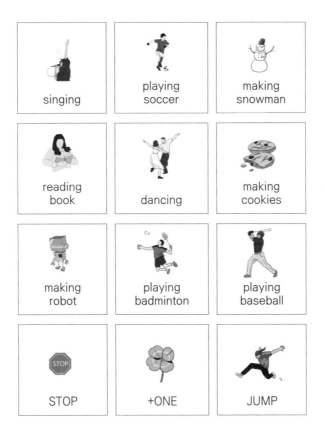

2 원 가운데에는 카드 1벌을 직사각형 모양으로 3장씩 3줄로 만들어 그림이 보이지 않게 뒤집어놓는다.

3 원 모양으로 두른 뒤집힌 카드 위에 5칸 간격을 두고 각자 말을 올려놓은 후 놀이 순서를 정한다.

놀이 방법

1 다같이 "What are you doing?"이라고 말하고 놀이를 시작한다.

2 Player1은 자신의 말 앞에 있는 카드를 열어놓고 카드에 적힌 단어를 말한 다음, 원 안에 있는 9장의 카드 중 똑같은 카드를 추측해서 찾는다.

3 두 카드가 일치하면 열어놓은 카드는 닫고 말을 한 칸 앞으로 옮긴다. 맞으면 **2**를 반복하고, 틀리면 그 자리에 멈춰서 열어놓은 두 카드를 닫고, 다음 Player에게 순서를 넘긴다.

4 만약 말 앞에 있는 카드가 아이템 카드인 것 같다면 카드를 열어보기 전에 어떤 카드인지 추측한 후 카드 이름을 외쳐야 한다. 외친 아이템 카드가

맞으면 효력이 발생하고 연속해서 다음 카드를 맞힐 수 있지만, 외친 아이 템 카드가 틀렸거나 아이템 카드인지 모르고 열었다면 카드를 덮고 그 위 에 말을 올려놓는다. 순서는 다음 사람에게 넘어간다.

아이템 카드	효력
JUMP	'JUMP' 카드가 맞으면 그 카드를 뛰어 넘어 그 다음에 있는 카드 위로 말을 옮긴 후 말 앞에 있는 카드를 열어본다.
+ONE	'+ONE' 카드가 맞으면 이 카드 앞쪽에 있는 카드를 열어놓고 안쪽에서 카드를 두 번 열 어 볼 수 있다.
STOP	'STOP' 카드가 맞으면 일반 카드를 맞힌 것과 동일한 방법으로 이동한다. 2번 이상 연 속으로 'STOP' 카드를 맞혔을 경우는 Player 중 한 명을 지명해서 1회 쉬게 할 수 있다.

5   내 말이 다른 Player의 바로 뒤까지 쫓아가 그 말 앞에 있는 카드를 맞추 게 되면 다른 Player의 말은 추월을 당해서 아웃된다.

6   위의 방식으로 모든 Player를 앞지르면 우승자가 된다.

활용 TIP!

• 카드를 열어볼 때는 다른 Player들도 보고 그 카드의 위치를 기억할 수 있도록 한다.

• 보드게임 〈치킨 차차차〉 방식으로 놀이를 진행할 수 있다. 아이템 카드를 제외하고 카드를 그림이 보이게 원 모양으로 만들어 놓은 뒤 원 안의 카드 1벌은 그림이 보이지 않게 뒤집어 놓는다. 〈놀이 방법〉과 동일한 방식으로 놀이를 진행하여 모든 선수를 앞지르면 우승자가 된다.

• 모둠 단위로 교과서 부록 카드를 1벌씩 모아 진행할 수도 있다.

본 게임은 ㈜코리아보드게임즈의 학습용 보드게임인 "치킨 차차차"의 게임 방법을 응용하여 개발되었습니다. "치킨 차차차"의 상표권 및 게임 방법 등 저작권은 ㈜코리아보드게임즈에 귀속됩니다. 본 페이지의 보드게임은 상업적인 용도로 별도 판매할 수 없습니다.

32 도둑 잡기

▲▲ ▲▲▲ ▲▲▲ ▲▲▲

카드 놀이의 고전인 도둑 잡기 게임을 통해 단어를 익힐 수 있는 놀이로 같은 카드가 짝수로 나오면 바닥에 내려놓으며 그 단어가 들어간 문장을 말합니다. 도둑 카드가 이리저리 왔다 갔다 하면서 놀이에 긴장감과 재미를 더합니다.

> • **준비물** 그림 카드(개인별 1벌씩, 1벌은 9장), 도둑 카드(1장)
> • **시간** 5~10분
> • **인원** 모둠별 4명씩
> • **적용** 설명 부탁하기, 단어 익히기, 음식 권유

활용 표현

- Can you tell me about Dooly(Luffy / Mr. Bean / SpongeBob / Simpson / IU / Batman / Pororo / Snoopy / Thief)?
- Sure.

놀이 준비

1 모두 둥글게 앉는다.
2 Player1은 모둠원들에게 카드 1벌씩을 받아 도둑 카드 1장과 잘 섞은 다음 모둠원들에게 카드를 9장씩 나눠주고 본인은 1장 더 가진다.

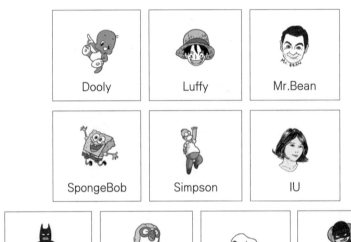

Dooly	Luffy	Mr.Bean
SpongeBob	Simpson	IU
Batman	Pororo	Snoopy	Thief

3   각자 받은 카드를 손에 쥐고 다른 사람이 보지 못하도록 조심스레 확인한다.

4   순서는 시계 반대 방향으로 돌아간다.

놀이 방법

1   Player1부터 받은 카드 중에서 같은 카드 2장
    또는 4장이 있다면 카드를 내려놓으며 "Can
    you tell me about (카드 단어)?"라고 한다(같은
    카드가 3장일 경우에는 2장만 내려놓는다).

2   다른 사람들은 "Sure."로 대답해 준다.

3   더 내려놓을 카드가 없다면 다음 사람으로 넘어가 Player4까지 똑같이 진
    행한다. 만약 자기 차례에 내려놓을 카드가 없다면 "Pass!"라고 말하고 다
    음 사람에게 순서를 넘긴다.

4   다시 Player1의 순서가 되면 Player2의 카드 중 1장을 보지 않고 뽑아서
    가져온다.

5   똑같은 카드가 만들어지면 내려놓고, 없으면 "Pass!"라고 말한다.

6   Player2~4도 같은 방법으로 진행한다.

7   손에 들고 있는 카드를 모두 내려놓으면 이기게 되고, 마지막에 도둑 카드
    를 들고 있는 사람이 꼴찌가 된다.

활용 TIP!

- 도둑 카드를 상대방이 가져가서 기쁘더라도 티를 내지 않도록 주의한다.
- 상대방이 내 카드를 뽑기 전에 섞을 수 있다.
- 교과서 부록 카드를 이용하는 경우 4명이서 카드를 모두 모은 다음 카드 1장에 'Thief'라고 적어 도둑 카드를 만든다. 마지막엔 도둑 카드를 가진 사람과 짝이 맞지 않는 카드 1장이 남는데 도둑 카드를 가진 사람이 꼴찌가 된다.
- 한 판이 끝난 뒤 1등을 Player1로 해서 시계 방향으로 이긴 순서대로 앉는다. 카드 뽑기는 그 반대로 진행해 분위기를 전환한다.

활용 플러스

Do you want some more ice cream(pizza / salad / rice / cookies / cake / water / coffee / tea)?

33 샌드위치

▲▲ ▲▲▲ ▲▲▲ ▲▲▲

〈샌드위치〉는 2장의 같은 카드 사이에 1장의 다른 카드가 끼어 있을 때, 필통을 먼저 치는 사람이 더미의 모든 카드를 가져가는 순발력이 필요한 놀이입니다. 단, 가운데 끼인 카드의 내용을 영어로 설명한 후에 카드를 가져갈 수 있습니다.

- **준비물** 그림 카드(개인별 1벌씩, 1벌은 9장)
- **시간** 5~10분
- **인원** 모둠별 4명씩
- **적용** 위치 설명하기, 서수

활용 표현

- Where is your classroom?
- It is on the first(second / third / fifth / eleventh / twelfth / thirteenth / twentieth / twenty first) floor.
- It is next to the main office(nurse's office / cafeteria / gym / auditorium / library / classroom / restroom / science room).

놀이 준비

1 모두 둥글게 앉고 책상 가운데에 필통 하나를 놓는다.

2 Player1은 모둠원들에게 그림 카드 1벌씩을 받아 잘 섞은 뒤 다시 9장씩
   나눠준다.

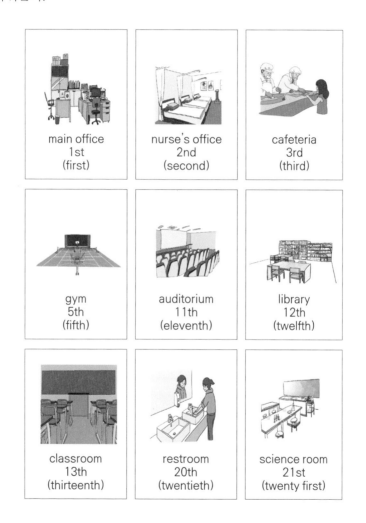

3 받은 카드는 열어보지 않고 내용이 보이지 않게 덮어둔다.

4 Player1부터 시계 반대 방향으로 돌아가면서 놀이를 진행한다.

놀이 방법

1 Player1이 "One, Two, Three!" 신호를 보내면 모두 "Where is your classroom?"이라고 말하고 시작한다.

2 Player1부터 맨 위의 카드를 열어서 내려놓으며 카드 내용에 맞게 문장을 만들어 대답한다(예를 들어 'main office' 카드를 내려놓은 경우, "It is on the first floor."라고 한다).

3 Player2~4도 같은 방법으로 대답하고, 한 바퀴를 돌고 다음 카드를 낼 때도 내려놓은 카드 위에 겹치게 놓는다.

4 카드 더미에서 우연히 같은 카드 2장 사이에 다른 카드 1장이 끼이게 되면(예를 들어 'first' – 'fifth' – 'first'처럼) 먼저 발견한 사람이 "샌드위치"를 외치고 재빨리 필통을 친다.

Sandwich!

5 "샌드위치"를 외친 사람에게 "Where is your classroom?"이라고 질문을 하면, 샌드위치된 카드의 내용에 맞춰 "It is on the fifth floor."라고 대답한다. 대답이 맞다면 바닥에 놓인 모든 player의 카드를 가져간다.

6 카드를 얻은 사람부터 놀이를 다시 시작한다.

7 손에 들고 있는 카드가 1장도 없을 경우 바닥에 내려놓은 카드를 재사용한다. 두 명이 남을 때까지 진행하고 둘 중 카드가 더 많은 사람이 1등이 된다.

내려 놓을 카드가 없네..

활용 TIP!

• 샌드위치는 동일한 카드 2장 사이에 다른 카드 1장이 끼워져야 한다. 예를

들어 'first' – 'fifth' – 'twenty' – 'first'의 경우는 'first' 카드 사이에 두 장이 있어 카드를 가져갈 수 없다.

• 실수로 필통을 치면 다른 사람들에게 자신의 카드를 1장씩 주어야 한다.

활용 플러스

Q : What are you doing?

A : I am singing(making cookies / playing badminton / playing soccer / reading a book / playing baseball / making a snowman / making a robot / dancing).

34 Change Color

▲▲ ▲▲▲ ▲▲▲ ▲▲▲

이 놀이는 색깔에 맞춰 자신의 손에 있는 카드를 빨리 털어내는 사람이 이기는 'UNO' 게임을 변형한 것으로 단어 익히기에 도움이 되는 활동입니다. 〈추적자〉에 나왔던 활용 표현과 카드를 재구성하여 사용했습니다.

> • **준비물** 그림 카드(색깔만 다른 카드 4벌, 총 48장)
> • **시간** 10~15분
> • **인원** 모둠별 4명씩
> • **적용** 핵심 표현

활용 표현

• What are you doing?
• We are singing(making cookies / playing badminton / playing soccer / reading a book / playing baseball / making a snowman / making a robot / dancing).

놀이 준비

1 이 놀이를 위해서는 내용은 동일하지만 색깔이 다른 카드가 필요하다. 그림 카드를 다운받거나 카드 1벌을 복사하여 색깔만 다른 카드 총 4벌(red, blue, yellow, green)을 만든다.

2 그림 카드 중 1장은 색깔을 바꿀 수 있는 아이템 카드의 기능을 겸하게 만든다.

3 아이템 카드를 포함한 전체 카드는 1벌에 12장이다. Player1이 카드 4벌을 모아 잘 섞은 뒤 7장씩 나눠준다.

4 남은 카드는 책상 가운데 덮어놓고 카드 더미의 맨 위 카드 1장을 더미 옆에 열어 놓는다. 받은 카드는 손에 쥐고 내용을 확인한다.

놀이 방법

1 Player1부터 열어둔 카드와 같은 색의 카드 내용을 말하며 그 카드 위에 겹쳐놓는다. 펼쳐진 카드가 빨간색 카드라면 빨간색 카드를 내야 한다. 카드는 한 번에 1장만 낼 수 있다.

2 같은 색깔 카드가 없다면 뒤집힌 카드 더미에서 카드를 1장 가져온다.

3 색깔은 다르지만 같은 내용일 경우, 예를 들어 펼쳐진 카드가 빨간색 카드이고 내용은 'singing'인 경우 다른 색깔의 'singing' 카드

를 낼 수 있다. 만약 녹색의 'singing' 카드를 냈다면 색깔이 바뀌게 되어 다음 카드부터는 녹색 카드를 내야 한다.

4 아이템 카드도 색깔과 내용에 맞게 사용할 수 있고 효력은 다음과 같다.

아이템 카드	효력
Change Color	이 카드를 내고 Red, Blue, Yellow, Green 중 바꾸기를 원하는 색깔의 이름을 영어로 말한다. 다음 순서부터 그 색깔의 카드를 내야 한다.
STOP	자신의 다음 순서에 있는 사람을 한 번 쉬게 한다.
BACK	순서를 반대로 돌아가게 한다. 만약 순서가 오른쪽으로 돌아가고 있었다면, 반대로 왼쪽으로 돌아가게 된다.
+TWO	이 카드를 내면 다음 순서인 사람이 카드 더미에서 두 장의 카드를 받아야 한다. 만약 그 사람이 '+TWO' 카드가 있어서 방어했다면 그다음 순서의 사람이 총 4장의 카드를 받는다.

5 자신의 카드를 손에서 모두 털어내면 이긴다. 1~2등까지 가리고 3~4등은 카드가 적은 순으로 정한다.

활용 TIP!

35 타임머신 보드게임

▲▲ ▲▲▲ ▲▲▲ ▲▲▲

짝과 함께 앉아서 할 수 있는 〈타임머신〉의 보드게임 버전으로 코너의 개수를
늘릴 수 있어 놀이의 확장이 가능합니다. 각 코너에 제시된 핵심 문장이나 대
화문을 반복해 읽는 과정에서 리딩 실력을 키울 수 있는 활동입니다.

- **준비물** 보드게임판, 주사위(1개), 말(개인별 3개씩)
- **시간** 10~15분
- **인원** 2명
- **적용** 모든 단원 대화문 리딩

활용 표현

- It is cold(hot).
- Put on your socks(gloves).
- Take off your sweater(scarf / hat).
- How can I get to the post office(subway station)?
- Go straight one block(two blocks) and turn right(left) at the corner.
- Where is the bookstore(bakery)?
- It is between the hospital and the library.
- It is behind the art museum.
- It is near the bus stop.

놀이 방법 1

1   둘이 마주 보고 앉아 보드게임판과 1인당 말 2개를 준비하고 각자 말 1개를 타임머신센터에 올려둔다.

Corner 1 It is cold. Put on your	**타임머신센터**	**Corner 5** It is hot. Take off your
Corner 2 It is hot. Take off your	**블랙홀**	**Corner 4** It is hot. Take off your
	Corner 3 It is cold. Put on your	

2   가위바위보를 해서 이긴 사람은 코너 1로 이동하고 해당 칸에 적힌 문장을 읽는다. 그리고 주사위를 굴려 나오는 숫자에 해당하는 코너로 이동한 뒤 상대방에게 순서를 넘긴다.

3　같은 코너에서 상대방 말과 만날 경우 가위바위보를 하는데 여기서 지는
　　말은 블랙홀에 빠지게 된다. 남은 말 1개로 코너 1에서부터 다시 놀이를
　　시작할 수 있다. 블랙홀에 있는 말을 구출하려면 코너를 한 바퀴 돌아서
　　타임머신센터에 가야 한다. 만약 말 2개가 전부 블랙홀에 빠졌다면 말 1개
　　는 자동으로 부활하고 코너 1에서부터 놀이를 다시 시작한다.

4 한 바퀴를 돌아서 타임머신센터로 오면 1포인트를 얻는다. 두 바퀴째부터
   는 한 번에 2개의 말을 움직일 수 있다. 타임머신센터에서 주사위를 굴려
   2개의 말을 함께 움직일 수도 있고 주사위를 따로 굴려서 각각 움직일 수
   도 있다. 2개의 말이 한꺼번에 움직여 한 바퀴를 돌아 타임머신센터에 오
   면 2포인트를 얻는다.

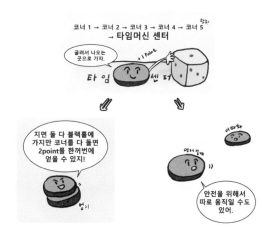

5 정해진 시간 안에 더 높은 점수를 얻은 사람이 승리한다.

놀이 방법 2

1 코너 8까지 확장된 보드게임판과 각각 3개의 말을 사용한다.

2 각자 주사위를 굴려 나온 숫자에서 시작한다. 예를 들어, 5가 나오면 코너 5에서 시작한다.

3 가위바위보에서 이긴 사람부터 주사위를 한 번 더 굴려서 홀수가 나오면 1칸, 짝수가 나오면 2칸 전진한다.

4 같은 코너에서 상대방 말과 만날 경우 가위바위보를 한다. 여기서 지는 말은 블랙홀에 빠지게 되는데, 남은 말로 코너 1에서부터 다시 시작할 수 있다. 만일 말 3개가 전부 블랙홀에 빠질 경우 지금까지 쌓았던 점수는 없어지고 말 3개를 블랙홀에서 전부 꺼내 다시 시작한다.

5 전체 코너를 한 바퀴 돌아서 타임머신센터로 오면 1포인트를 얻는다. 먼저 3포인트를 획득한 사람이 승리한다.

활용 TIP!

• 말을 한꺼번에 업고 움직이는 경우 동시에 말을 다 잃을 수도 있다는 것을 사전에 안내한다.

Corner 1

How can I get to the

(둘 중 선택해서 말하기)

Corner 2

Go straight two blocks and
turn right
at the corner.

Corner 3

How can I get to the

 /

(둘 중 선택해서 말하기)

Corner 4

Go straight one block and
turn left
at the corner.

타임머신센터

블랙홀

Corner 8

It is near the
bus stop.

Corner 7

It is behind the
art museum.

Corner 6

It is between the
hospital and the
library.

Corner 5

Where is the

 /

(둘 중 선택해서 말하기)

36 왕자와 거지 보드게임

▲▲ ▲▲▲ ▲▲▲ ▲▲▲

거지에서 출발해서 상대방과 승부를 겨루며 점점 신분이 상승하게 되는 놀이
인 〈왕자와 거지〉를 짝과 함께할 수 있는 보드게임으로 구성했습니다. 친구와
묻고 답하기를 반복하며 영어 실력을 키울 수 있습니다.

- **준비물** 보드게임판, 말(개인별 1개씩)
- **시간** 3~5분
- **인원** 2명
- **적용** 음식 권유, 묻고 답하기

활용 표현

- Do you want some more ice cream(pizza / salad / rice / cookies / cake)?
- Yes, please.
- No, thanks. I am full.

놀이 준비

1 문장으로 대화를 이어갈 수 있도록 〈활용 표현〉을 꼼꼼히 익힌다.
2 보드게임판을 준비하고, 짝 활동으로 진행한다.
3 보드게임판의 오른쪽 끝 'ice cream' 칸부터 차례대로 다른 음식들을 거

쳐 왼쪽 끝의 'cake' 칸에 도착한 사람이 거지에서 왕이 된다.

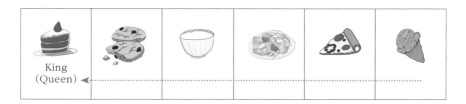

놀이 방법

1 'ice cream' 칸의 위, 아래로 각자 말을 놓고 가위바위보를 한다. 이긴 사람은 "Do you want some more ice cream?"이라고 질문하고 진 사람은 질문에 대답해야 한다.

2 두 가지의 대답이 있는데 가위바위보를 한 번 더 해서 그 결과에 따라 어떤 대답을 하게 될지가 결정된다. 대답하는 친구가 가위바위보에서 이기면 "Yes, please."라고 대답하고 왼쪽의 'pizza' 카드로 이동한다. 그러나 이번 가위바위보에서도 지면 "No, thanks. I am full."이라고 대답하고 제자리에 머문다.

3 만약 말 1은 'pizza' 칸, 말 2는 'ice cream' 칸에 있다면, 앞선 말 1이 "Do you want some more pizza?"라고 질문을 한다. 이후 놀이 방법 2의 방식을 반복한다.

4 만약 말 2가 가위바위보에서 이겨서 말 1과 같은 칸에 마주보고 섰을 경우, 방금 이

긴 말 2가 "Do you want some more pizza?"라고 질문하고 **2**의 방식을
반복한다.

5 이런 식으로 왕 자리에 먼저 가는 말이 이긴다. 왕이 되기 위해서는 말이
'cake' 칸에 왔을 때 상대방과 가위바위보를 해서 이겨야 한다.

활용 TIP!

- 왕이 된 사람은 상대방에게 명령을 한 가지 내릴 수 있다. 이때, 무리한 것
  을 요구해서는 안 된다.
- 보드게임판 대신 교과서 부록 카드를 바닥에 깔아
  놓고 놀이를 진행할 수도 있다. 교과서 부록 카드를
  활용할 경우 6장이 아니더라도 마지막 카드를 왕
  카드로 지정하고 〈왕자와 거지 보드게임〉 방법을
  적용한다.

노래로 배워요!
Snack Time

37 동네 한 바퀴

▲▲ ▲▲▲ ▲▲▲ ▲▲▲

동네 한 바퀴를 돌며 친구에게 우리 가족을 소개하는 놀이입니다. 대상을 꾸며주는 형용사를 활용해 짧고 간단한 문장을 만들어 가족 구성원의 특징을 설명할 수 있습니다.

- **준비물** 보드게임판, 주사위(1개), 말(개인별 1개씩)
- **시간** 5~10분
- **인원** 2명
- **적용** 가족 소개, 색깔, 문장 리딩 연습

활용 표현

- Who is he(she)?
- He is my dad(brother).
- She is my mom(sister).
- He(She) is tall(funny / pretty / smart).

놀이 준비

1 보드게임판을 준비하고, 〈활용 표현〉의 문장을 익힌다.
2 가위바위보로 주사위 굴리는 순서를 정한다.

놀이 방법

1 이긴 사람은 주사위를 굴리고 'LET'S GO'에서 출발하여 주사위 수만큼 말을 움직인다.

2 진 사람은 이긴 사람의 말이 놓인 칸에 그려진 가족을 가리키며 "Who is he(she)?"라고 질문한다.

3 이긴 사람이 그림을 확인하고 그에 맞는 대답을 하면 그 칸에 머무를 수 있다. 대답을 제대로 하지 못하면 상대방이 친절하게 알려준다.

4 한 바퀴를 거의 다 돌아 출발점을 앞에 두고 있을 때는 남은 칸 수만큼 주사위 수가 정확하게 나와야 골인할 수 있다. 예를 들어, 아래와 같이 'brother' 칸에 말이 있을 때 주사위가 3이 나오면 정확하게 골인할 수 있지만, 4~6이 나오면 골인 지점을 지나치므로 전진할 수 없다.

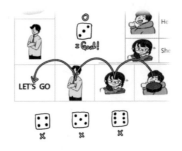

5 동네 한 바퀴를 돌아 출발 칸에 먼저 도착하는 사람이 승리한다.

활용 TIP!

- 한 바퀴를 돌아 다시 출발점으로 들어갈 때 〈놀이 방법〉의 4번 설명과 다르게 주사위의 숫자가 남은 칸 수보다 더 많이 나와도 들어가도록 규칙을 바꿀 수 있다.
- 주사위 대신 가위바위보로도 놀이가 가능하다. 주먹으로 이기면 1칸, 가위는 2칸, 보자기는 3칸을 간다.

- 놀이에 익숙해 지면 '+1' 규칙을 추가한다. 본인 순서에 "+1"을 외치고 주사위를 굴려 나온 수에 1을 더한 수만큼 이동할 수 있다.
- '양손 가위바위보' 규칙도 추가할 수 있다. 본인 순서에 "양손 가위바위보"를 외치고 '하나 빼기' 구호에 맞춰 두 손 중 한 손을 내밀어 가위바위보를 한다. 이긴 후에는 두 수를 곱하거나 더한 수만큼 이동한다. 주먹은 1, 가위는 2, 보자기는 3으로 정하고 덧셈을 할지 곱셈을 할지는 본인이 선택하도록 한다(예를 들어 한 손은 주먹으로 이겨서 1, 다른 손은 보자기로 이겨서 3이라면 1×3 곱셈을 하는 것보다 1+3 덧셈을 해서 4칸을 이동하는 것이 낫다).
- 가위바위보로 칸을 이동하다 보면 어떤 칸에서 빠져 나오지 못하는 경우가 생길 수 있다. 그럴 때는 '+1'이나 '양손 가위바위보'를 이용하여 탈출하도록 한다. 남발을 방지하기 위해 한 판당 한 번씩으로 사용을 제한한다.

활용 플러스

_ 색깔

The banana is yellow.

The apple is red.

The tree is green.

The juice is orange.

▶️ 노래로 배워요!
I Am, You Are, He/She is

놀이 활동지

다 같이 돌자~ 동네 한 바퀴

Q	Who is he(she)?		
	인물	표현 1	표현 2
A		He is my dad.	He is tall.
		She is my mom.	She is pretty.
		He is my brother.	He is handsome.
		She is my sister.	She is smart.

주변 칸: 한 번 쉬기 / ↑ 뒤로 3칸 후퇴 / 한 번 더 던지기 / ↓ 앞으로 3칸 전진 / 한 번 더 던지기 / ↑ LET'S GO / → 뒤로 6칸 후퇴

카드 한 벌로 9가지 놀이하기

보드게임에 사용되는 카드 한 벌만 있으면 여러 가지 놀이를 다양하게 즐길수 있습니다. 〈재빨리 스푼〉(34p 참고)에서 사용된 카드(한 벌당 총 9장)를 이용해 재미있게 즐길 수 있는 9가지의 놀이를 소개합니다.

▶ 놀이 방법 1 – 지렁이 함락 작전

1   카드 두 벌(예시에 사용된 카드는 총 18장)을 ㄹ자(또는 다양한 형태)로 놓는다.

2   〈지렁이 함락 작전〉(41p 참고) 놀이 방법으로 진행한다.

▶ 놀이 방법 2 - 찍고 달려!

1 카드 한 벌(예시에 사용된 카드는 총 9장)을 한 줄로 세운다.

2 손가락으로 카드를 짚으며 〈찍고 달려!〉(26p 참고) 놀이 방법으로 진행한다.

▶ 놀이 방법 3 - 오목

1 본인의 카드 한 벌(예시에 사용된 카드는 총 9장)에 자신만의 기호(☆,○,◇ 등)를 하나 정해 표시해 둔다.

2 〈오목〉(104p 참고) 놀이 방법에 따라 카드를 바둑알 삼아 책상에 내려놓는다.

3 가로 세로 줄과 간격을 잘 맞추어 카드를 놓는다. 책상 모서리가 넘을 수 없는 마지막 선이다.

4 9장을 다 사용하고 나면 책상 위에 이미 놓은 카드 1장을 집어 위치를 옮겨서 승부수를 던진다.

5 가로, 세로, 대각선 어느 쪽으로든 카드 5장을 연속으로 잇는 사람이 승리한다.

참고 영상
Tic, Tac, Toe

▶ 놀이 방법 4 - Tic, Tac, Toe

1 유튜브에서 〈Tic, Tac, Toe〉 놀이 방법을 배운다.

2 본인의 카드 한 벌(예시에 사용된 카드는 총 9장)에 자신만의 기호(☆,○,◇ 등) 를 하나 정해 표시를 해두고 두 사람당 〈Tic, Tac, Toe〉 놀이판(놀이판은 인 디스쿨 영어게시판에서 다운 가능)을 하나씩 나눠준다.

3 가로, 세로, 대각선 어느 쪽이든 3칸을 먼저 연결하는 사람이 승리한다.

▶ 놀이 방법 5 - 치킨 차차차

1 한 모둠당 4명으로 진행하며 3명의 카드 한 벌씩(예시에 사용된 카드는 총 9 장), 세 벌(총 27장)을 모아 섞은 뒤 임의로 3장을 빼서 24장을 만든다.

2 카드 24장은 내용이 보이도록 둥글게 원을 만들고 나머지 카드 한 벌은 원 안에 3장씩 3줄을 만들어 뒤집어놓는다.

3 둥글게 놓인 카드 위에 5칸 간격으로 말을 두고 가위바위보를 해서 순서 를 정한다.

4 말 앞에 있는 카드와 엎어놓은 카드를 열어서 일치하면 한 칸씩 앞으로 움 직인다. 모든 선수를 앞지르면 승리한다.

5 아이템 카드를 넣으면 〈추적자〉(188p 참고) 놀이 방법으로 진행할 수 있다.

▶ 놀이 방법 6 - Change Color

1 한 모둠당 4명으로 진행하며 카드 하단의 색깔이 다른 카드 네 벌(예시에 사용된 카드는 한 벌당 총 9장, 4벌은 총 36장)을 모아 섞는다.

2 아이템 카드를 추가해서 〈Change Color〉(203p 참고) 놀이 방법으로 진행할 수 있다.

▶ 놀이 방법 7 - 타임머신 보드게임

1 카드 한 벌(예시에 사용된 카드는 총 9장)을 〈타임머신 보드게임〉의 보드게임 판처럼 U자 모양으로 배치한다.

2 〈타임머신 보드게임〉(206p 참고) 놀이 방법으로 진행한다.

▶ 놀이 방법 8 – 왕자와 거지 보드게임

1 카드 한 벌(예시에 사용된 카드는 총 6장)을 〈왕자와 거지 보드게임〉의 보드게임판처럼 일렬로 배치한다.

2 〈왕자와 거지 보드게임〉(212p 참고) 놀이 방법으로 진행한다.

▶ 놀이 방법 9 – 동네 한 바퀴

1 카드 두 벌(예시에 사용된 카드는 총 18장)을 직사각형 모양으로 놓는다.

2 출발지를 정하고 〈동네 한 바퀴〉(215p 참고) 놀이 방법으로 진행한다.

친구와 신나게 통통 튀며
몸으로 소통하는 영어 놀이

Part 5

특별판!
신나는 영어 캠프 바깥놀이

바깥놀이는 아이들이 가장 즐거워하는 활동입니다. 가슴이 확 뚫리는 넓은 운동장이나 강당은 아이들에게 긍정적인 에너지와 생기 넘치는 건강한 웃음을 선물합니다. 몸으로 부딪히며 신나게 뛰어노는 바깥놀이는 친구들과 더 빨리 친해질 수 있는 계기를 마련해 주고 가슴속에 담아두었던 스트레스를 해소하는 데도 도움이 됩니다.

매년 돌아오는 영어캠프 때 요리, 게임, 영화감상 등 다양한 활동들과 함께 특별한 놀이를 해보는 건 어떨까요? 이 파트에서는 널리 알려진 바깥놀이에 영어 표현을 더해 영어에 대한 아이들의 흥미를 높이고 표현의 이해를 돕는 데 도움이 되는 활동들을 모았습니다.

육면의 색이 다른 주사위를 공처럼 던지는 〈주사위 피구〉를 통해 색깔과 관련된 표현을 익히고, '무궁화 꽃이 피었습니다'의 영어 버전인 〈늑대야~ 늑대야~ 몇 시니?〉와 술래잡기를 하며 즐겁게 뛰놀 수 있는 〈시간을 빼앗는 자〉를 통해서는 시간과 관련된 표현을 익힐 수 있습니다.

〈핵폭탄 25시〉에서는 세계 여러 나라의 이름을 배우고, 〈거북선〉 활동에서는 명령문과 시간, 방향에 대한 표현을 익힐 수 있습니다.

〈괴물들이 사는 강〉을 통해서는 자신의 소유물을 확인하는 표현을 배우게 되는데, 이 놀이는 매년 여름마다 간단한 물놀이로 진행할 수 있어 아이들의 반응이 좋습니다. 강을 건너려는 아이를 손으로 잡지 않고 물컵에 담은 물로 맞혀 잡는 방식으로 진행하면 아이들에게 재미있고 시원한 여름의 추억을 만들어줄 수 있습니다.

38 주사위 피구

각자 색깔을 정하고 주사위를 굴려 자신의 색깔이 나오면 주사위 주인이 되어 다른 사람을 맞히는 놀이입니다. 주사위에 숫자별로 배경 색깔이 있어 색깔 표현을 익히는 데 도움이 되는 활동입니다.

- **준비물** 스펀지 주사위(모둠별 1개씩), 접시콘(1세트)
- **시간** 10~15분
- **인원** 모둠별 6명씩
- **적용** 색깔

활용 표현

- What color is it?
- It is white(green / blue / yellow / red / orange).

놀이 준비

1 모둠별로 둥글게 선다.
2 가위바위보로 이긴 사람부터 주사위에 쓰인 숫자의 바탕이 되는 색깔을 하나씩 정한다.

3 다시 가위바위보를 해서 주사위를 던질 사람을 뽑는다.

4 다 같이 손을 잡고 원을 만든다.

놀이 방법

1 주사위를 던지는 사람이 "One, Two, Three!"를 외치면 모두 그 사람에게 "What color is it?"이라고 질문한다.

2 질문이 끝나면 주사위를 원 안쪽 위로 던지거나 바닥으로 굴린다.

3 주사위가 원 안에서 구를 수 있도록 모두 손을 잡고 원을 만들며 따라간다.

4 　주사위가 멈추면 제일 윗면의 색깔(예를 들어 초록색이 나오면)을 선택한 친구
　　가 "green"이라고 대답하고 술래가 되어 주사위를 얼른 잡고서 "Stop!"
　　이라고 외친다.

5 　다른 사람들은 술래가 주사위를 잡기 전까지 도망을 치다가 술래가
　　"Stop!"이라고 외치면 발을 멈춘 뒤 술래를 향해 돌아선다.

6 　술래는 멈춰 서 있는 사람들을 향해 주사위를 던져서 맞힌다.

7 　주사위에 맞은 사람은 주사위를 던지는 사람이 되어 다시 1번부터 반복
　　한다. 주사위에 맞은 사람이 없을 경우 굴러가는 주사위가 멈췄을 때 나오
　　는 색깔을 선택한 사람이 주사위를 잡아서 4번부터 반복한다.

활용 TIP!

- 너무 멀리 도망가지 못하도록 공간 제한을 위해 피구장처럼 접시콘을 놓아 울타리를 친다. 놀이 공간 밖으로 나가는 사람이 생기면 놀이를 처음부터 다시 시작한다.
- 술래가 "Stop!"이라고 외쳤을 때 멈추지 않고 몇 발자국 더 걸어간 사람은 다시 되돌아오게 한다.
- 도망치다가 제자리에 멈췄을 때 술래를 향해 돌아서서 앞발 앞꿈치에 뒷발 뒷꿈치를 붙이면서 다섯 발자국을 걸어 술래에게 가까이 다가가게 하는 규칙을 추가할 수 있다.
- 주사위를 피할 때 바닥에서 발을 떼면 안 된다. 바닥에 발을 붙인 채 몸을 움직이며 피하는 것은 가능하다.
- 술래가 주사위를 던지는 순간 도망칠 수 있게 하는 규칙을 추가해도 좋다.

- 상대방이 던진 주사위를 잡으면 2살, 상대방을 맞히면 1살씩 나이를 먹게 해서 놀이를 마친 뒤 나이를 많이 먹은 사람에게 잠시 존칭을 쓰게 하는 시간을 갖게 하면 재미를 더할 수 있다.

활용 플러스

_ 숫자 익히기

Q : What number is it?

A : one / two / three / four / five / six

39 늑대야~ 늑대야~ 몇 시니?

▲▲◣◢▲▲◣◢ ▲▲◣◢ ▲▲◣◢

아이들은 늑대에게 몇 시인지를 묻고 늑대는 시간을 가르쳐줍니다. 아이들은
점점 늑대에게 가까이 다가가고 아이들을 유인한 늑대는 'Dinner time'을 선
언하고 아이들을 잡으러 갑니다. 반복적으로 시간을 묻고 답하며 시간 표현을
익히는 데 도움이 되는 활동입니다.

- **준비물** 없음
- **시간** 5~10분
- **인원** 학급 전체
- **적용** 시간 표현

활용 표현

- What is the time, Mr. Wolf?
- (number) o'clock

놀이 준비

1 늑대가 될 술래를 한 명 뽑아 벽을 보고 서게 한다.
2 아이들은 술래와 멀찍이 떨어진 출발선에 일렬로 나란히 선다.

놀이 방법

1 출발선 안쪽의 아이들은 술래를 향해 "What is the time, Mr. Wolf?"라고
큰 소리로 질문한다.

2 늑대는 "(number) o'clock"이라고 큰 소리로 대답한다.

3 아이들은 늑대가 대답한 시각만큼(예를 들어 '3 o'clock'이라고 대답했을 경우 세
걸음) 발걸음을 옮긴다.

4 아이들이 늑대에게 가까이 다가갔을 때 시간을 묻는 질문에 늑대는
"Dinner time!"을 외치고 도망가는 아이들을 잡으러 간다.

5 늑대는 아이들이 출발선에 들어갈 때까지 여러 명을 잡는다.

6 늑대에게 잡힌 아이들끼리 가위바위보를 해서 다음 늑대를 정한다.

활용 TIP!

40 핵폭탄 25시

▲▲ ▲▲▲ ▲▲▲ ▲▲▲

어디에 떨어질지 모르는 핵폭탄의 공포를 피해 안전한 나라로 대피하며 여러 나라의 이름을 배우는 데 도움이 되는 활동입니다. 놀이를 새로 시작할 때마다 나라 이름을 바꾸면 더 많은 표현을 익힐 수 있습니다.

- **준비물** 접시콘(4개), 화이트보드
- **시간** 10~15분
- **인원** 학급 전체
- **적용** 나라 이름 표현

활용 표현

- What country (does the bomb) hit?
- The bomb hits (나라 이름). ('The bomb hits'는 생략 가능)

놀이 준비

1 접시콘으로 놀이 공간의 경계를 만들고 코너 1~4로 지정한다.

2 선생님은 화이트보드와 4장의 쪽지에 각각 나라 이름(America, Canana, England, Korea 등)을 쓴다.

3 나라 이름을 쓴 쪽지는 두 번 접어 선생님이 보관한다.

놀이 방법

1 10초 동안 학생들은 핵폭탄이 떨어지지 않을 것 같은 나라의 이름이 적힌
   코너로 이동한다.

2 학생들이 "What country hit?"라고 말하면, 선생님은 보관했던 종이 한
   장을 뽑아 나라 이름(예를 들어 'Korea')을 말한다.

3 핵폭탄을 맞은 나라는 화이트보드에 V 표시를 해둔다.
4 핵폭탄을 맞은 나라에 있는 사람들은 놀이 공간 앞쪽의 포로수용소에 줄
   을 맞춰서 앉는다. 놀이 방법 1~4를 반복한다.

5 핵폭탄이 두 번 떨어진 나라로는 이동할 수 없도록 화이트보드에서 이름을 지우고 종이쪽지도 뺀다.

6 전체 인원 중 2/3 정도가 포로수용소에 갇히면 생존자는 놀이 공간 뒤쪽 경계 밖으로 나가게 한다.

7 이번에는 포로들을 살리는 생명탄이 발사된다. 포로들은 생명탄이 떨어질 것 같은 나라로 이동한다. 생명탄을 맞으면 풀려나고 그렇지 않으면 다시 포로수용소로 간다.

8 포로들 중 1/5 정도가 생존하면 놀이를 마친다.

활용 TIP!

• 이동 시간이 지난 뒤에는 나라를 바꿀 수 없다.

• 포로수용소에서 바르게 앉아 있는 모범수에게 쪽지를 뽑을 수 있는 기회를 준다.

• 놀이를 새로 시작할 때마다 Brazil, France, China, Japan 등 나라 이름을 바꿔서 진행한다.

노래로 배워요!
Where Are You From

41 시간을 빼앗는 자

▲▲ · ▲▲▲ · ▲▲▲ · ▲▲▲

잠드는 시간을 묻고 답하는 영어 표현을 쫓고 쫓기는 놀이에 적용하였습니다. 술래에게 시간을 멈출 수 있는 힘을 주어서 술래와 도망치는 사람이 계속 영어로 질문을 묻고 답하며 시간 표현을 익힐 수 있습니다.

- **준비물** 시간 카드, 접시콘(4개), 훌라후프(6개)
- **시간** 5~10분
- **인원** 학급 전체
- **적용** 시간 묻기

활용 표현

- What time do you go to bed?
- I go to bed at nine(nine-thirty / ten / ten-thirty / eleven / twelve).

놀이 준비

1 놀이 공간의 꼭짓점에 접시콘을 하나씩 놓아 경계를 세운다.
2 놀이 공간 이곳저곳에 훌라후프를 놓고 늪지대라고 안내한다. 늪지대를 밟으면 놀이방법 3에 나와 있는 움직이지 않는 술래가 된다.

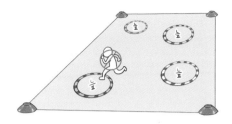

3   술래를 한 명 뽑은 후 술래를 제외한 인원을 한 줄로 세우고 시간 카드를
    무작위로 나눠준다.

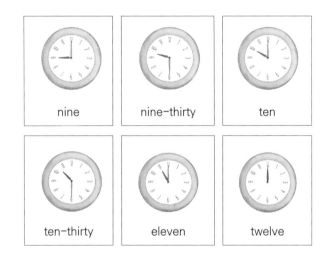

4   빠른 걸음으로 걷는 것은 되나 뛰는 것은 금지한다.

놀이 방법

1   술래가 1부터 10까지 세고 난 뒤 검지를 하늘로 추켜올리며 "One, Two,
    Three!"를 외치면 다른 사람들은 "What time do you go to bed?"라고
    묻는다.

2 술래는 시간을 두 개 골라서 말한다. 예를 들어, 술래가 "I go to bed at nine or eleven."이라고 대답했다면, 'nine'과 'eleven' 카드를 가진 사람들은 잡히지 않기 위해 도망을 간다.

3 술래에게 잡히면 시간 카드를 빼앗기고 잡힌 그 자리에서 모둠발로 멈춰서서 '움직이지 않는 술래'가 되어 지나가는 사람을 쳐서 잡아야 한다. 잡힌 사람은 잡은 사람에게 시간 카드를 주고 잡힌 그 자리에서 똑같이 움직이지 않는 술래가 된다.

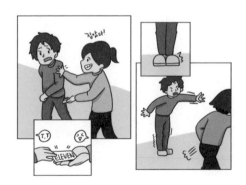

4 술래가 대답한 시간 카드를 갖지 않은 사람들은 잠시 움직이지 못하는 얼음 상태가 된다. 팔짱을 낀 상태에서 큰 목소리로 숫자 20을 세면 자동으로 얼음이 풀린다.

5 마지막으로 술래에게 잡힌 사람이 다음 술래가 된다.

활용 TIP!

• 술래가 고르는 시간 카드를 가진 사람이 얼음이 되고 나머지가 도망가도록 놀이를 반대로 진행할 수도 있다.
• 얼음에서 풀려난 사람을 바로 잡지 않도록 한다.

활용 플러스

Q : What do you like?

A : I like a spaghetti(hamburger / pizza / noodle / chicken / french fries).

42 괴물들이 사는 강

양쪽 마을 사이에 흐르는 강에는 괴물들이 살고 있습니다. 대왕 괴물이 사람들로부터 빼앗고 싶은 것을 말하면 부하 괴물들은 그것을 가진 사람들을 공격합니다. 괴물의 습격을 피해 재빨리 건너 마을로 달아나야 하는 활발한 신체 놀이로 재미있게 영어 표현을 익힐 수 있습니다.

- **준비물** 접시콘(1세트)
- **시간** 10~15분
- **인원** 학급 전체
- **적용** 소유물 확인

활용 표현

- Do you have a hat(a watch / shoes / glasses / pants / a jacket / 색깔 clothes)?
- Yes, I do. / No, I do not.

놀이 준비

1 접시콘으로 양쪽 마을과 괴물들이 사는 강의 영역을 표시한다.
2 생존 가능성을 높이기 위해 강의 길이를 길게 만든다.
3 대왕 괴물을 한 명 뽑고 강 안에 들어가게 한다.
4 마을 사람들은 한쪽 마을의 출발선에 나란히 선다.

놀이 방법

1   대왕 괴물은 마을 사람들을 관찰한 후 최대한 공통되는 것을 찾아 질문
    한다. 예를 들어 입고 있는 옷에 검정색이 많이 포함되어 있다면 "Do you
    have black clothes?"라고 묻는다.

2   입고 있는 옷에 검정색이 포함된 마을 사람들은 "Yes, I do."로 대답하
    고 강을 반드시 건너가야 한다. 옷에 검정색이 없는 사람들은 "No, I do
    not."이라고 대답하고 마을을 벗어나지 않는다.
3   괴물은 마을 사람들이 강으로 들어올 때 한 명만 잡을 수 있다.

4 　괴물에게 잡힐까봐 강을 건너기 주저하는 마을 사람들이 있다면 대왕 괴물은 1부터 10까지 세기 시작한다.

5 　괴물에게 잡히거나 10까지 세는 동안 강을 건너지 않은 사람들은 부하 괴물이 되어 강에 서 있는다. 부하 괴물이 생기면 대왕 괴물은 강 밖으로 나와 질문하는 역할을 담당한다.

6 　대왕 괴물이 "Do you have socks?"라고 질문하면 멀리까지 잘 들릴 수 있도록 부하 괴물들은 대왕 괴물의 질문을 다시 한 번 큰 소리로 따라 한다. 괴물 한 명당 한 사람만 잡을 수 있다.

7 질문에 해당되는 사람은 반대편 강 건너 마을로 가야 한다. 끝까지 살아남은 최후의 1인이 다음 판에서 대왕 괴물이 된다.

활용 TIP!

43 거북선

▲▲ ▲▲▲ ▲▲▲ ▲▲▲

'임진왜란과 거북선' 놀이에 영어 표현을 더했습니다. 이순신 장군의 명령에 따라 모든 장군과 병사들이 일사불란하게 움직여야 하므로 명령문 단원에 활용하면 좋습니다.

- **준비물** 접시콘(4개)
- **시간** 10~15분
- **인원** 학급 전체
- **적용** 명령문, 시간, 방향

놀이 준비

1   책상을 치운 교실이나 강당에 직사각형의 놀이 공간을 만들고 꼭짓점에 접시콘으로 경계를 세운다.

2   이순신 장군을 한 명 정한다(처음에는 선생님이 맡는다).

3   학급 전체를 A, B 두 팀으로 나눈다.

4   장군의 명령에 잘 따를 것을 맹세하고 시작한다.

놀이 방법 - 이동

1   장군이 'Line up(줄을 서시오).'이라고 명령하면 다 같이 줄을 맞춰 선다.

2 장군이 'Drop back(위치로).'이라고 명령하면 A팀은 좌현, B팀은 우현으로 이동해 노를 저을 준비를 한다.

3 다음과 같은 명령에 따라 노를 젓는다.
- Have the oar(노를 저어라) / fast(빠르게) / slowly(천천히) / at full speed(전속력으로) / to the right(오른쪽으로) / to the left(왼쪽으로)

4 장군이 지시하는 쪽으로 빨리 이동한다.
- the front(선두) / the back(선미) / the left(좌현) / the right(우현)

5 　장군이 지시하는 활동을 한다.

　　- Clean the deck(갑판 청소) / Get seasick(배멀미) / He(she) is a spy(첩
자다) : 장군이 첩자로 지목한 사람을 주변에 있는 사람이 붙잡아 배 밖으
로 몰아낸다. 첩자는 잠시 뒤에 제자리로 돌아와서 다시 활동에 참여한다.

놀이 방법 – 전투

1 　다음과 같은 장군의 지시에 따른다.

　　- sword fights(칼싸움을 해라!) : 서로 칼이 있는 것처럼 싸움을 한다.

　　- Shoot arrows(활을 쏴라!) : 활시위를 당겨 활을 쏘는 동작을 한다.

　　- Fire a gun(대포를 쏴라!) : 2인 1조로 한 사람은 대포가 되고 한 사람은 대
포를 쏘는 사람이 된다. 대포는 배 밖으로 날아갔다가 되돌아온다.

2   장군은 전투 상황을 알린다.

- 칼 싸움 : There are enemies on the deck. It's time for the sword fights!

- 활 공격 : There are enemy ships next to our ship. It's time to Shoot arrows!

- 대포 공격 : There are enemy ships over there. It's time to fire a gun!

3   활과 대포를 쏘는 방향을 다음과 같이 알려준다.

- at the three o'clock / at the six o'clock / at the nine o'clock / at the twelve o'clock

4   마지막으로 장군은 승리를 알린다.

- There are enemy ships under the sea. It's time for victory!

활용 TIP!

자주 쓰는 교실 영어 26

원활한 수업 진행을 위해 영어 시간에 반복적으로 사용되는 표현들을 정리했습니다.

No	English	Korean
1	What did he(she) say?	그(그녀)가 뭐라고 이야기 했나요?
2	Turn towards the front.	앞쪽으로 몸을 돌려주세요.
3	Keep your chair down.	의자를 바닥에 붙여주세요.
4	I say this, you say that.	선생님이 이렇게 말하면 여러분은 저렇게 말하세요.
5	Please, stop what you are doing now.	여러분, 하던 일을 멈추세요.
6	Is somebody still talking?	누가 지금도 이야기하고 있나요?
7	Just listen!	듣기만 하세요.
8	Keep your hands off your school supplies.	손에 있는 학용품을 내려놓으세요.
9	Listen up, please.	잘 들어주세요.
10	Is everyone looking up?	모두 보고 있나요?
11	Do not write anything on it yet.	아직 아무것도 쓰지 마세요.

12	May I sharpen my pencil, now?	지금 연필을 깎아도 될까요?
13	May I go to the bathroom, now?	지금 화장실 다녀와도 될까요?
14	May I borrow an eraser?	제가 지우개를 빌려도 될까요?
15	Stand behind your chair.	의자 뒤에 서세요.
16	Clap your hands three times.	손뼉을 세 번 치세요.
17	If the teacher speaks first, you speak next.	선생님이 먼저 말할게요. 여러분은 그 뒤에 하세요.
18	If the teacher speaks the word, you speak the whole sentence.	선생님이 단어를 말하면 여러분은 그 문장을 말하세요.
19	If I stop the video, you repeat the sentence that you heard right before.	선생님이 동영상을 멈추면 방금 전에 들었던 문장을 말해 주세요.
20	If the teacher speaks and stops for a second, you draw a diagonal there.	선생님이 말을 하다가 잠시 멈추면 그곳에 대각선 표시를 하세요.
21	Do not put the blame on him(her).	그 애를 탓하지 마세요.
22	Listen carefully and repeat after me line by line	잘 듣고 선생님이 말한 다음에 한 줄씩 따라하세요.
23	Write the words and sentences in your workbook.	워크북에 단어와 문장을 쓰세요.
24	Let's practice pronunciation to be better.	발음을 더 좋게 하기 위해서 연습해 봅시다.
25	Who volunteers?	누가 발표할까요?
26	I will give two people a piece of paper and a marker.	선생님이 두 사람당 한 장의 종이와 한 개의 말을 줄게요.

Special Thanks

이 책은 많은 선생님들의 도움으로 만들어졌습니다. 특히 인디스쿨 '영어야 놀자' 코너와 자신만의 놀이와 수업 적용기 그리고 아이디어를 나눠주시고 책에 수록할 수 있도록 허락해 주신 선생님들께 감사의 말씀을 전합니다.

- 〈알파벳 시장〉 조커 사용 : 신세은 선생님(구름샘)
- 〈지렁이 함락작전〉 확장판 : 신세은 선생님(구름샘)
- 〈전기게임〉 놀이 방법 1 : 허승환 선생님(털보샘)
- 〈수업 Tip. 열공! 워크북 제작 활용법〉 워크북 양식 : 정유진 선생님(지니샘)
- 〈타임머신〉 놀이 방법 2 : 이유경 선생님(송송배)
- 〈오락가락 OX 퀴즈〉 놀이 방법 2 : 김현진 선생님(IGIZI)
- 〈대마왕 놀이〉 놀이 방법 1 : 정유진 선생님(지니샘)
- 〈대마왕 놀이〉 놀이 방법 2 : 강환이 선생님(단감나무)
- 〈볼링〉 : 허승환 선생님(털보샘)
- 〈왕자와 거지〉 놀이 방법 2 : 강환이 선생님(단감나무)
- 〈과일 샐러드〉 놀이 방법 2 : 강환이 선생님(단감나무)
- 〈수업 Tip. 카드 만들기〉 스노우지 : 신세은 선생님(구름샘)

- 〈주사위 피구〉 : 박광철 선생님(아해사랑)
- 〈핵폭탄 25시〉 : 허승환 선생님(털보샘)
- 〈괴물들이 사는 강〉 : 박현웅 선생님(스윙키드)
- 〈거북선〉 : 정유진 선생님(지니샘)

이 책에 소개된 일부 놀이는 아이들에게 인기 있는 보드게임에서 아이디어를 얻어 응용한 것입니다. 사용을 허락해 주신 코리아보드게임즈에도 감사의 말씀을 전합니다.

- 〈Hooray!〉 : 할리갈리, 코리아보드게임즈
- 〈추적자〉 : 치킨차차차, 코리아보드게임즈
- 〈Change Color〉 : UNO, 코리아보드게임즈

「이 도서의 국립중앙도서관 출판예정도서목록(CIP)은
서지정보유통지원시스템 홈페이지(http://seoji.nl.go.kr)와
국가자료공동목록시스템(http://www.nl.go.kr/kolisnet)에서 이용하실 수 있습니다.
(CIP제어번호: CIP2018013323)」

친구와 신나게 통통 튀며 몸으로 소통하는 영어 놀이

초등 영어 수업 놀이

1쇄 발행 2018년 5월 25일
4쇄 발행 2022년 9월 16일

글 공창수
그림 방수현

발행인 윤을식
펴낸곳 도서출판 지식프레임
출판등록 2008년 1월 4일 제2020-000053호
주소 서울시 동대문구 청계천로 505, 206호
전화 (02)521-3172 | **팩스** (02)6007-1835

이메일 editor@jisikframe.com
홈페이지 http://www.jisikframe.com

ISBN 978-89-94655-63-5 (03370)